跨流域调水管理与立法

管光明　庄　超　许继军　著

科　学　出　版　社

北　京

内 容 简 介

本书梳理国内外重大跨流域调水工程的建设及运行管理实践，分析跨流域调水管理面临的主要问题和挑战，理清现有法律体系对跨流域调水管理的立法回应与不足，辨明跨流域调水的主要法律诉求，并结合国外跨流域调水管理与立法经验，从实现我国水资源统一配置调度管理出发，提出我国跨流域调水的立法建议。

本书可供从事水利工程、水资源管理、环境保护法等行业的各级政府决策人员、管理人员和技术人员参考，也可供高等院校相关专业的师生参考。

图书在版编目(CIP)数据

跨流域调水管理与立法/管光明，庄超，许继军著. —北京：科学出版社，2019.11

ISBN 978-7-03-062520-5

I. ①跨… II. ①管… ②庄… ③许… III. ①跨流域引水–水资源管理–立法–研究–中国 IV. ①D922.664

中国版本图书馆 CIP 数据核字（2019）第 221837 号

责任编辑：郑佩佩/责任校对：刘 畅
责任印制：彭 超/封面设计：苏 波

科 学 出 版 社 出版
北京东黄城根北街 16 号
邮政编码：100717
http://www.sciencep.com

北京虎彩文化传播有限公司印刷
科学出版社发行 各地新华书店经销
*
开本：787×1092 1/16
2019 年 11 月第 一 版 印张：9 1/2
2019 年 11 月第一次印刷 字数：227 000

定价：68.00 元

（如有印装质量问题，我社负责调换）

前　言

水是基础性的自然资源和战略性的经济资源，是生态与环境的控制性要素，依靠水资源的可持续利用保障经济社会的可持续发展，是世界各国面临的共同挑战和紧迫任务。人在与自然长期共处中形成了水利文明，逐步摸索出水资源调度的重要载体——跨流域调水工程。跨流域调水工程的根本任务是通过改变水资源的空间分布，对水资源实行优化配置，缓解水资源时空分布不均的局面，改善受水区的生态环境以适应经济社会发展对水资源的需求。规范跨流域调水工程的水资源调度管理，有利于合理配置水资源，科学应对水资源短缺、水污染和生态用水危机，统筹生活、生产和生态用水。

在我国，公元前 486 年吴为伐齐修建了引长江水入淮河的邗沟工程。公元前 361 年开挖的鸿沟，沟通了黄河与淮河的水力联系。改革开放以来，为解决缺水地区的水资源紧张状况，修建了 20 余座大型跨流域调水工程，为受水区提供了稳定可靠的水源，在推动经济发展、促进社会安定和改善生态环境等方面发挥了非常重要的作用。在国外，最早的跨流域调水工程可追溯到古埃及时期，为满足埃塞俄比亚境内南部灌溉和航运要求，兴建了世界上第一个跨流域调水工程，从尼罗河引水至埃塞俄比亚高原南部进行灌溉，促进了埃及文明的发展与繁荣。20 世纪以来，尤其是第二次世界大战后，各国致力于经济恢复与发展，纷纷开始兴建各种用途的调水工程，且规模越建越大，系统结构愈加复杂，工程建设与运行管理的制度建设也越来越先进。随着调水工程数量增多，大型、特大型调水工程的不断涌现，跨流域调水工程的科学规范管理与法律保障成为优化配置水资源的核心问题。

长距离、大流量的调水工程由于重新调整了水土资源配置与社会经济发展的关系，其影响非常巨大。任何一项跨流域调水工程的规划、决策和建设都涉及政治、法律、经济、技术和环境等诸多复杂困难问题。在跨流域调水工程的规划设计、建设实施及运行管理各阶段明确界定政府权力与责任、调水工程经营者和调水工程受益者的权利与义务，协调和妥善处理好各方关系，对实现调水工程良性运行、充分发挥工程效益至关重要。目前，随着我国区域经济发展、城市聚集，大型跨流域调水工程日益增多。越来越多跨流域调水工程的建成和运行过程中，管理面临的现有法律法规空白，各利益相关方及越来越多的学者逐渐认识到跨流域调水在管理与立法方面的强烈现实需求，改变以往水利工程“重建轻管”的局面。以跨流域调水为分析对象的研究逐渐呈现出从单一水利工程角度转向管理、法律及经济等多维度、多学科研究的趋势，以更加全面地回应跨流域调水的管理诉求和法律完善诉求。

基于以上背景，在国家留学归国人员科技活动择优资助项目“跨流域调水立法研究”和国家社会科学基金青年项目“生态环境责任追究机制研究”（15CFX055）的支持下，本书作者及研究团队针对我国当前跨流域调水工程建设与管理的实践需求，以国内外重大跨流域调水工程为分析对象，剖析跨流域调水工程建成之后面临的管理问题与立法回应不足问题，提出基于水资源统一配置调度管理的跨流域调水管理模式的完善思路，结合国外跨流域调水的成功管理与立法经验，开展我国跨流域调水立法研究，为规范国内跨流域调水工程管理及立法工作提供支撑。

本书主要内容如下。

第 1 章简要介绍跨流域调水的概况，介绍跨流域调水的实施背景、跨流域调水的界定、跨流域调水的特点及跨流域调水的分类。

第 2 章详细梳理我国跨流域调水管理的发展与实践，明晰我国跨流域调水管理的运行框架及目前已建成运行的和在建或规划中的跨流域调水管理的主要实践及存在的问题，研究范围基本涵盖近年来我国跨流域调水的重大或关键工程。

第 3 章重点分析我国跨流域调水管理的法律演进，总结现有与跨流域调水相关的立法体系，归纳现有立法体系中确立的主要法律制度内容，分析当前立法在应对跨流域调水管理问题时存在的立法不完善、不衔接及空白之处。

第 4 章详细探讨跨流域调水的关键法律诉求。基于第 1～3 章“现状—问题—诉求”的分析思路，将跨流域调水管理放置于法律的分析框架内，并基于跨流域调水自身的多主体性、调水的交易属性及生态补偿的必要性三个方面，明晰立法所要确立和维护的跨流域调水的关键诉求。

第 5 章对比分析国外跨流域调水的管理经验和立法实践，选取国外较有影响力的跨流域调水工程，主要涉及美国、澳大利亚、德国和西班牙等国家的跨流域调水实践，以典型、重大跨流域调水实践为切入口，总结不同国家的跨流域调水管理经验，分析其管理模式下存在的主要问题及立法在跨流域调水中的应对及经验。

第 6 章详细提出我国跨流域调水的立法建议，包括系统阐明跨流域调水立法的必要性、立法思路，并从“管理主体—权责划分”角度，提出跨流域调水的管理权限划分、管理机构设置及覆盖跨流域调水全过程管理的主要法律制度构建建议。

全书由管光明、庄超、许继军共同撰写。在课题研究及书稿撰写过程中，得到戴昌军、马立亚、刘强、吴光东等同行和同事的帮助和指导，并获得长江勘测规划设计研究有限责任公司、南水北调中线水源有限责任公司、南水北调东线总公司、江苏省水利厅、广东省水利厅、长江水利委员会网络与信息中心、陕西省水利厅、陕西省水利电力勘测设计研究院、湖北省水利水电规划勘测设计研究院、武汉大学环境法研究所等单位提供的资料支撑，在此一并表示敬意及感谢。此外，特别感谢家人和好友不遗余力的鼓励和支持。

由于作者水平有限、时间仓促，书中难免存在疏漏之处，欢迎读者与有关专家对书中存在的不足进行批评指正。

作　者

2019 年 8 月

目 录

第1章　绪　　论

各种资源的调配既是人类社会发展的需要，也反映社会生产力发展水平。水是人类社会生活和生产的重要资源，是经济社会发展不可或缺的基本条件之一。与其他资源的调配相仿，水资源的调配与人类社会发展相适应（俞澄生，1995）。随着人类社会的进步，人口和生产集中的地区水资源需求量猛增，加之人类对水资源调配的能力不断提高，出现了规模大、距离长的大江大河间的跨流域调水工程，以水资源的优化配置来提升经济社会发展，改变水资源的时空分布不均格局。

受地形和气候的影响，水土资源分布很不平衡，我国水资源短缺已经成为制约我国经济社会发展的瓶颈。根据2009～2019年水利部发布的中国水源公布数据，水资源与人口、土地和社会经济中心的分布极不协调，造成水资源丰富地区与用水需求旺盛地区的偏离，实施跨流域调水是均衡水资源与人口、土地和经济社会发展分布不均，缓解区域水资源短缺的有效措施。本章通过系统论述跨流域调水的实施背景，阐明跨流域调水的概念界定，凝练跨流域调水的主要特点，梳理跨流域调水的不同类型。

1.1　跨流域调水的实施背景

水资源存在时空分布不均，区域差异巨大的问题。为缓解水资源分布与水资源利用不匹配的矛盾、促进经济社会可持续发展，各国修建了许多跨流域调水（inter-basin water transfer）工程，跨流域调水已成为当今世界各国进行水资源配置的一项重要措施。究其原因主要归结于两方面：一方面，随着经济发展对水资源需求量的增加，本流域水资源已经不能满足需要，并成为经济社会发展的严重制约因素；另一方面，世界各地不同程度地存在水资源分布不均的问题，水资源分布与人类活动重心区域布局不相匹配。实施跨流域调水就必然成为重新分配水资源、缓解缺水地区水资源供需矛盾的主要途径，并受到国际社会广泛重视。古今中外，跨流域调水工程不断发展。古埃及兴建的从尼罗河引水的调水工程，这是历史上第一个跨流域调水工程（郭其全 等，2006）。我国跨流域调水的历史也很悠久，中华民族的发展史就是一部兴水利、除水害的历史。从古代举世闻名的都江堰，到当代已建的跨流域调水工程，如引滦入津工程、引黄济青工程，再到于 2014 年已经部分通水的南水北调工程，全国范围内跨流域调水工程的不断建设和运行，已经成为合理开发利用水资源、实现水资源优化配置的有效手段，在经济社会发展中发挥了重要的作用。

水资源主要来自大气降水，我国水资源总量较为丰富，居世界第六位，但是由于人口众多，人均水资源占有量仅为 2 200 m^3，是世界人均水资源占有量的 24.7%（中华人民共和国中央人民政府网，2005），列世界第 110 位，已被联合国列为 13 个贫水国家之一。不仅如此，我国水资源时空分布不均匀，全国各省（自治区、直辖市）（不含港澳台）供水与用水情况见表 1.1。根据 2008～2018 年中国水资源公报等数据统计，北方地区水资源量约占全国水资源总量的 19%，南方地区水资源量约占全国水资源总量的 81%。根据 2010 年发布的第六次全国人口普查数据显示，北方人口约占全国的 46%。而从国内生产总值的占比来看，北方地区城市群和经济带的分布较为集中，对国内生产总值的贡献率约达 45%。由此可见，我国的水资源分布与人口、经济社会发展总体格局极不协调。我国七大流域的基本情况见表 1.2。此外，水资源的年内、年际分配严重不均，大部分地区 60%～80%的降水量集中在夏秋汛期，洪涝干旱灾害频繁。2012～2017 年全国水资源情况见图 1.1。

表 1.1　全国各省（自治区、直辖市）（不含港澳台）供水与用水情况（国家统计局，2018）

省（自治区、直辖市）	供水/亿 m^3				用水/亿 m^3					人均用水量/m^3
	总量	地表水	地下水	其他	总量	农业	工业	生活	生态	
北京	39.5	12.4	16.6	10.5	39.5	5.1	3.5	18.3	12.7	181.9
天津	27.5	19.0	4.6	3.9	27.5	10.7	5.5	6.1	5.2	176.3
河北	181.6	59.4	116.0	6.2	181.6	126.1	20.3	27.0	8.2	242.3

续表

省（自治区、直辖市）	供水/亿 m^3				用水/亿 m^3					人均用水量/m^3
	总量	地表水	地下水	其他	总量	农业	工业	生活	生态	
山西	74.9	39.6	31.1	4.2	74.9	45.5	13.5	12.8	3.0	202.9
内蒙古	188.0	99.2	85.3	3.4	188.0	138.1	15.7	11.0	23.1	744.7
辽宁	131.1	72.4	54.5	4.2	131.1	81.6	18.6	25.4	5.5	299.8
吉林	126.7	81.5	44.7	0.4	126.7	89.8	18.1	14.1	4.7	465.0
黑龙江	353.1	188.9	163.1	1.0	353.1	316.4	19.7	15.4	1.5	930.7
上海	104.8	104.8	0.0	0.0	104.8	16.7	62.7	24.6	0.8	433.3
江苏	591.3	575.3	8.4	7.7	591.3	280.6	250.1	58.5	2.1	737.8
浙江	179.5	176.2	1.3	2.0	179.5	80.9	46.1	47.0	5.5	319.2
安徽	290.3	256.5	30.8	3.0	290.3	158.2	92.2	33.8	6.2	466.3
福建	192.0	186.4	5.0	0.7	192.0	91.2	64.4	33.2	3.2	493.3
江西	248.0	237.6	8.3	2.1	248.0	156.3	60.5	28.9	2.3	538.3
山东	209.5	121.1	79.7	8.7	209.5	134.0	28.8	34.6	12.0	210.0
河南	233.8	113.1	115.5	5.1	233.8	122.8	51.0	40.2	19.8	244.9
湖北	290.3	281.4	8.8	0.1	290.3	148.1	87.8	53.2	1.2	492.6
湖南	326.9	311.7	15.2	0.1	326.9	193.7	86.0	44.5	2.8	477.8
广东	433.5	417.3	13.8	2.3	433.5	220.3	107.0	100.9	5.3	391.1
广西	284.9	273.1	10.5	1.4	284.9	195.8	46.0	40.2	3.0	586.0
海南	45.6	42.3	3.1	0.2	45.6	33.3	3.0	8.4	0.8	494.8
重庆	77.4	76.1	1.1	0.2	77.4	25.4	30.4	20.5	1.1	252.8
四川	268.4	254.3	12.1	1.9	268.4	160.5	51.4	50.7	5.8	324.1
贵州	103.5	101.1	1.8	0.6	103.5	58.9	24.8	18.8	0.9	290.1
云南	156.6	149.9	3.7	3.1	156.6	108.5	23.4	21.7	3.1	327.2
西藏	31.4	27.8	3.6	0.0	31.4	26.9	1.5	2.7	0.2	940.8
陕西	93.0	58.2	32.6	2.3	93.0	58.2	14.3	17.0	3.5	243.2
甘肃	116.1	87.1	25.1	3.9	116.1	92.3	10.4	8.7	4.7	433.5
青海	25.8	20.7	5.0	0.2	25.8	19.2	2.5	2.9	1.2	433.1
宁夏	66.1	60.3	5.5	0.2	66.1	56.7	4.5	2.3	2.5	974.3
新疆	552.3	440.9	109.8	1.6	552.3	514.4	13.1	14.7	10.2	2 280.8

注：由于数值修约的原因，数据合计有偏差

表 1.2　我国主要河流基本情况（国家统计局，2018）

河流名称	流域面积/km^2	河长/km	年净流量/亿 m^3
长江（含太湖）	1 782 715	6 300	9 857
黄河	752 773	5 464	592
松花江	561 222	2 308	818
辽河	221 097	1 390	137
珠江	442 527	2 214	3 381
海河	265 511	1 090	163
淮河	268 957	1 000	595

注：本数据由水利部提供，为 2002～2005 年进行的第二次水资源评价数据

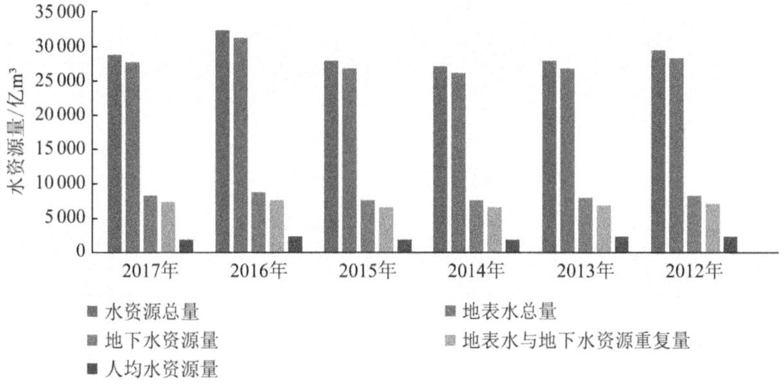

图 1.1　2012～2017 年全国水资源情况

根据水利部发布的 2018 年度《中国水资源公报》（中华人民共和国水利部，2019）可知，2018 年水资源总量与多年平均值基本持平，全国用水总量比 2017 年略有减少，用水效率进一步提升，供用水结构不断优化。2018 年，全国水资源总量 27 462.5 亿 m^3，与多年平均值基本持平。其中，地表水资源量 26 323.2 亿 m^3，地下水资源量 8 246.5 亿 m^3，地下水与地表水资源不重复量为 1 139.3 亿 m^3。2018 年，全国用水总量 6 015.5 亿 m^3，较 2017 年减少 27.9 亿 m^3。其中，生活用水 859.9 亿 m^3，占用水总量的 14.3%；工业用水 1 261.6 亿 m^3，占用水总量的 21.0%；农业用水 3 693.1 亿 m^3，占用水总量的 61.4%；人工生态环境补水 200.9 亿 m^3，占用水总量的 3.3%。地表水源供水量 4 952.7 亿 m^3，占供水总量的 82.3%；地下水源供水量 976.4 亿 m^3，占供水总量的 16.2%；其他水源供水量 86.4 亿 m^3，占供水总量的 1.5%。全国人均综合用水量 432 m^3，万元国内生产总值（当年价）用水量 66.8 m^3。耕地实际灌溉亩均用水量 365 m^3，农田灌溉水有效利用系数 0.554，万元工业增加值（当年价）用水量 41.3 m^3，城镇人均生活用水量（含公共用水）225 L/d，农村居民人均生活用水量 89 L/d。按可比价计算，万元国内生产总值用水量和万元工业增加值用水量分别比 2017 年下降 6.6%和 6.9%，2018 年各水资源一级区水资源量见表 1.3（中华人民共和国水利部，2019）。

表 1.3 2018 年各水资源一级区水资源量

水资源一级区	降水量/mm	地表水资源量/亿 m^3	地下水资源量/亿 m^3	地表水与地下水资源不重复量/亿 m^3	水资源总量/亿 m^3
全国	682.5	26 323.2	8 246.5	1 139.3	27 462.5
北方 6 区	379.1	4 830.2	2 742.7	977.0	5 807.2
南方 4 区	1 220.2	21 493.0	5 503.8	162.3	21 655.3
松花江区	569.9	1441.7	533.0	246.9	1 688.6
辽河区	511.3	307.8	161.6	79.3	387.1
海河区	540.7	173.9	257.1	164.4	338.4
黄河区	551.6	755.3	449.8	113.8	869.1
淮河区	925.2	769.9	431.8	258.8	1 028.7
长江区	1 086.3	9 238.1	2 383.6	135.6	9 373.7
其中:太湖流域	1381.8	204.1	52.3	27.3	231.3
东南诸河区	1 607.2	1 505.5	420.1	12.2	1 517.7
珠江区	1 599.7	4 762.9	1 163.0	14.6	4 777.5
西南诸河区	1 147.9	5 986.5	1 537.1	0.0	5 986.5
西北诸河区	203.9	1 381.5	899.4	113.7	1 495.3

我国水资源的自然分布呈现南多、北少、时空分布不均的特点，并在供给上呈现明显的区域性。而作为经济社会发展命脉的水资源在经济社会发展的版图中，存在资源与经济不对等的局面。我国经济社会发展较为迅速、资源消耗相对较大的区域多集中在北方和沿海地区，与水资源的自然分布格局不相协调。水资源空间分布与人口、土地、矿产资源分布及经济社会发展水平不相匹配，经济社会的不平衡发展和人口持续向经济发达地区集聚，使得水资源供需矛盾不断加剧，水资源短缺逐渐成为区域经济社会可持续发展的主要制约因素，并在一定程度上制约了我国黄河、淮河、海河流域的经济发展。

用水需求的地区不均衡性与水资源分布的不均衡性使得调水成为必然，实行跨流域调水以改善我国水土资源组合的现有格局，实现水资源与国土资源的合理配置，成为保障我国经济、社会和生态环境可持续发展的一项重要战略任务。跨流域调水工程，特别是长距离、大流量的调水工程，重新调整了水土资源配置与社会经济发展的关系，其影响巨大而深远，所涉及的水资源优化配置是多目标决策的大系统问题，必须应用大系统理论的思维进行分析研究。然而，传统的跨流域水资源配置存在重工程建设轻运行管理，注重缺水地区的水资源优化配置而忽视水资源充足地区的用水效率提高，强调节水忽视高效，突出水资源的分配效率而忽视行业内部用水合理性，对水资源保护和环境保护不够重视等问题，影响了有关区域经济的发展和水资源的可持续利用。在水资源严重短缺的今天，必须注重水资源优化配置研究，特别是新理论和新方法的研究，协调好资源、经济、社会和生态环境的动态关系，确保实现社会、经济、环境和资源的可持续发展。

目前，跨流域调水工程的引调水量规模已经非常庞大，对流域水资源管理带来了深远的影响，迫切需要加强统一管理。目前，跨流域调水作为我国水资源配置的一项重要举措，从国家宏观水资源配置战略，到地方局部区域的水资源配置，跨流域调水发挥着越来越重要的作用，跨流域调水对流域水资源的统一配置调度管理已经到了不容忽视的程度。特别是长江流域，它是我国“四横三纵”水资源配置体系大格局的重要水资源地。跨流域调水工程的运行管理对流域水资源形势将产生较大的影响，特别是在干旱、枯水期，如不加强引调水管理，可能会引起不同行政区域间水事纠纷和上下游、左右岸不同取用水户之间的矛盾。跨流域调水对于调水水源区（以下简称调水区）的生态环境和社会经济发展都将带来深远的影响，跨流域调水工程建设需要充分考虑调水区水资源的可持续利用。跨流域调水工程项目不同于一般的取用水建设项目，目前建设项目水资源论证工作还不足以解决跨流域调水所面临的诸多问题。当前我国跨流域调水工程建设控制性措施不足，一些地区的跨流域调水工程立项缺乏充分的论证，所带来的环境影响和对调水区水资源的可持续利用缺乏充分考虑。跨流域调水工程的无计划调水，更为调水区及其流域造成诸多社会问题。对跨流域调水进行规范管理迫在眉睫。

我国是以流域管理与区域管理相结合的水资源管理体制，但是跨流域调水（跨七大流域管理机构的调水工程）在现行法律体系中还存在空白，流域管理机构在这一类跨流域调水工程中应扮演何种角色？如何设置调水区流域管理机构与受水区流域管理机构之间的责、权、利？水资源费应当如何分配？如何考虑调水区受到的影响和补偿措施？这一系列问题成为当前需要解决的迫切问题。

随着经济社会的不断发展和人口的持续增长，我国很多地区的水资源短缺问题日益凸显，为解决地区资源性缺水问题，全国各地已经修建了或正在建设不少跨流域调水工程。从春秋时期贯通淮河与长江的邗沟工程，以及闻名于世的京杭大运河，到中华人民共和国成立以后修建的引滦入津、引黄济青等许多跨流域调水工程，为缓解这些地区水资源短缺，确实起到了很大作用，有的还开发出了航运、发电等综合效益，积累了丰富的调水经验和掌握了先进的工程技术成果。但是，这些跨流域调水工程在建设运营实践中，尤其是投资较大、运营成本较高的工程，出现了一些背离工程建设目的、效益得不到充分发挥的现实矛盾。单纯依靠传统的提高工程技术手段，已经不足以完全解决跨流域调水过程中出现的这些管理问题。在这种情况下，必须通过政策、法律和管理制度创新等方面来解决跨流域调水工程的现存问题。这正是本书所要分析的基本问题。

1.2 跨流域调水的界定

跨流域调水是通过大规模的人工方法改变水流的自然流向，将某个流域的水输送到其他流域，在两个或两个以上流域之间进行的水资源调配。主要是通过一定水利工程或者其他措施将某一地区的水资源引流到另一地区，从有余水的流域向缺水流域大量调水，将一个流域的水资源转移到另一流域的过程，以便促进缺水区域的经济发展和缓解流域人畜用水矛盾，实现水资源合理配置，保障经济、社会和生态环境的持续协调发展。因为这里所指的流域一般都是空间尺度较大的流域，所以跨流域调水又经常被称为“远距离调水”。

跨流域调水一般由调水区、受水区和水量通过区（或称输水区）三部分组成，调水区和受水区分属于不同的流域，并通过水量通过区完成不同流域之间的连接。具体而言，调水区是指那些水量丰富、可供外部其他流域调用的富水流域和地区；而受水区则是那些水量严重短缺、亟须从外部其他流域调水补给的干旱流域和地区；沟通上述两者之间的地区范围即为水量通过区。水量通过区依据不同调水系统，常常又是调水区或是受水区。因此，人们有时把跨流域调水系统直接分为工程调水区和受水区两部分。从工程设施角度考虑，跨流域调水系统一般包括水源工程（如蓄水、引水、提水等工程），输配水设施（渠道或管道、隧洞和河道等），渠系建筑物（如交叉、节制和分水等建筑物），受水区内的蓄水、引水、提水等设施。跨流域调水示意图见图 1.2。

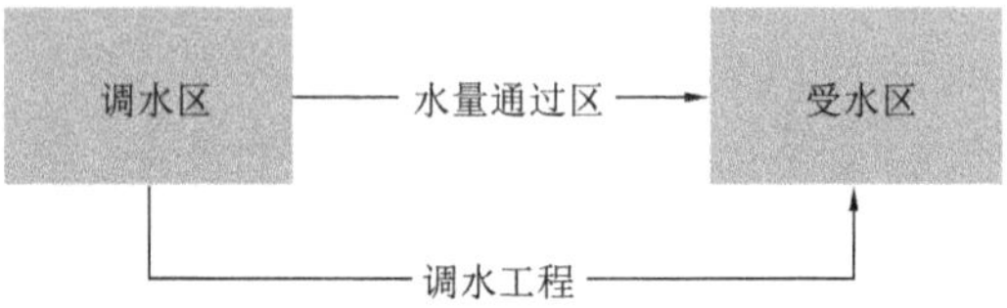

图 1.2　跨流域调水示意图

以长江流域为例，长江水资源丰富，多年平均水资源总量达 9 958 亿 m^3，是我国“四横三纵”水资源配置体系大格局的重要的水资源地，在满足长江本流域用水需求后，通过实施跨流域调水工程，可缓解其他区域的缺水问题。目前，南水北调东、中线一期工程已建成通水，引汉济渭工程已开工建设，滇中引水、引江济淮等其他大型跨流域调水工程正加紧推进。根据《长江流域及西南诸河水资源公报》，2017 年度跨流域调水主要包括南水北调中线一期工程共计调出水量 52.76 亿 m^3；南水北调东线一期工程从长江调出水量 94.75 亿 m^3，排水进入长江水量 2.613 亿 m^3，年净调水量 92.14 亿 m^3（长江水利委员会，2017）。

根据《长江流域综合规划（2012～2030 年）》等相关规划及设计成果，长江流域跨一级区引调水工程主要有：南水北调（东线、中线、西线）工程、引江济淮工程、引汉济渭工程、滇中引水工程、白龙江引水工程等，到 2030 年长江流域跨一级区多年平均调（引）出水量超过 500 亿 m^3。长江流域内跨流域调水工程还有：引江济汉工程、引江补汉工程、引江济太工程、武都引水工程、黔中调水工程等。

1.3　跨流域调水的特点

跨流域调水工程本质上属于流域连通工程、流域改造工程，跨流域调水工程的规划、建设和管理，涉及资源、政治、法律、经济、技术、人口、生态和环境等复杂而困难的问题。

跨流域调水往往涉及多部门、多地区、多层次的水量调度目标及目标综合集成优化问题，还涉及调水区与受水区大量复杂的社会和环境问题，实质上是不同地区之间用水利益的重新分配。与其他水利工程相比，跨流域调水工程具有水权关系复杂、技术管理复杂、利害双重性、工程项目规模大、跨地区水事管理复杂等特点。

一是水资源利用关系复杂。跨流域调水涉及两个或两个以上流域和地区的水资源科学再分配，必然带来水资源供需关系的变化。同时由于跨流域调水工程线路长，跨地区，工程保护、安全管理及水事纠纷处理复杂。水量调配涉及调水区及受水区的利益关系、不同部门的利益关系、调水与防洪排涝的关系、调入水与当地水的关系。流域之间、地区之间水权转移和调水利益难以避免存在冲突与矛盾。

二是调水目标多元化。早期的跨流域调水工程大多是为了航运和农业灌溉，随着人类科学技术的发展和生产力水平的提高，跨流域调水工程向着多目标综合利用的方向发展，调水不仅服务于农业灌溉和航运，而且兼有城市供水、发电、防洪、旅游、生态环境改善等多种功能。即目前大型跨流域调水系统往往是一项发电、供水、航运、灌溉、防洪、旅游、养殖及改善生态环境等目标和用途的集合体。跨流域调水系统具有更广泛的不确定性，和其他一般水资源系统一样，主要集中在降水、来水、用水、地区社会经济发展速度与水平、地质等自然环境条件、决策思维和决策方式等方面，相比较而言其不确定性程度更大、范围更广、影响更深远，使得跨流域调水系统比一般水资源系统具有更大的风险性。

三是技术难度高。由于调水区与受水区不在同一流域，水文现象具有随机变化的特征，两个流域的径流量呈丰、平、枯不同遭遇，其调出区可调水量、调入区需水量的变化直接影响工程供水量。调水工程一般输水线路较长、水工建筑物种类较多，工程涉及地形地貌、水文地质、土壤、植被条件不一。

1.4 跨流域调水的分类

实践中跨流域调水工程的形式具有多样性，需要按一定的标准进行分类才能够进行有效的管理。有一种观点以自然流域属性进行分类，而本书认为按自然流域划分跨流域调水类型难以与水行政主管部门的管理权属有效结合。我国是以流域管理和行政区域管理相结合的水资源管理体制，跨流域调水的管理事项必将涉及受水区与调水区的流域管理机构与区域水资源管理机构。据此可将我国跨流域调水的类别主要分为两大类。

第一类：国内跨七大流域（长江、黄河、淮河、海河、珠江、松辽、太湖）的调水，如南水北调（东线、中线、西线）工程。该类跨流域调水工程实际上存在跨省级行政区和不跨省级行政区两种情况。

第二类：流域管理机构范围内的调水。它是指各流域管理机构范围内支流之间的跨流域调水工程。该类跨流域调水工程也存在跨省级行政区和不跨省级行政区两种情况。

跨流域调水分类见图 1.3。

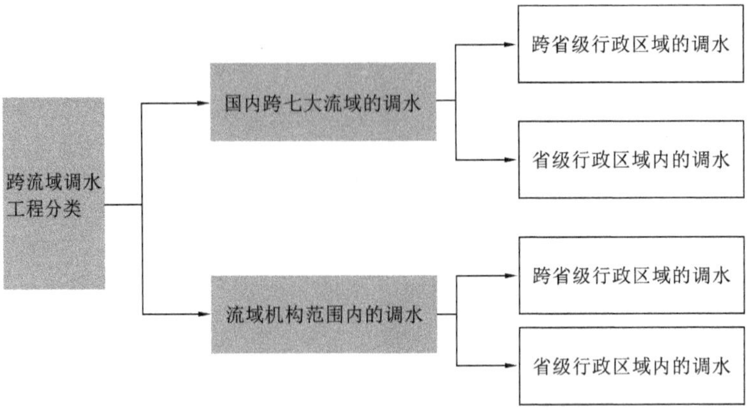

图 1.3　跨流域调水分类

按照跨流域调水的用途、特点等，跨流域调水工程可以划分为以下 6 类：

（1）以航运为主体的跨流域调水工程，如我国古代的京杭大运河等；

（2）以灌溉为主的跨流域灌溉工程，如印度和巴基斯坦主要的调水工程、我国甘肃省的引大入秦工程等；

（3）以除害为主要目的防洪跨流域分洪工程，如伊拉克底格里斯河—塞尔萨尔湖—幼发拉底河调水工程，江苏、山东两省的沂沭泗水系供水东调南下工程等；

（4）以水电开发为主的跨流域水电开发工程，如澳大利亚的雪山工程等；

（5）以跨流域综合开发利用为主的工程，如我国的南水北调工程和美国的中央河谷工程等；

（6）以城市供水为主的跨流域供水工程，如欧洲和日本的大多数调水工程、我国山东省的引黄济青工程和广东省的东深供水工程等。

从研究的关注度和可持续性来看，通过分析 2000～2019 年的跨流域调水学术研究指数（图 1.4）可以发现，跨流域调水的研究热度在 2006～2010 年期间较高，并在 2011 年之后出现一段时间的递减趋势，这一变化过程与我国跨流域调水工程的建设进程密切相

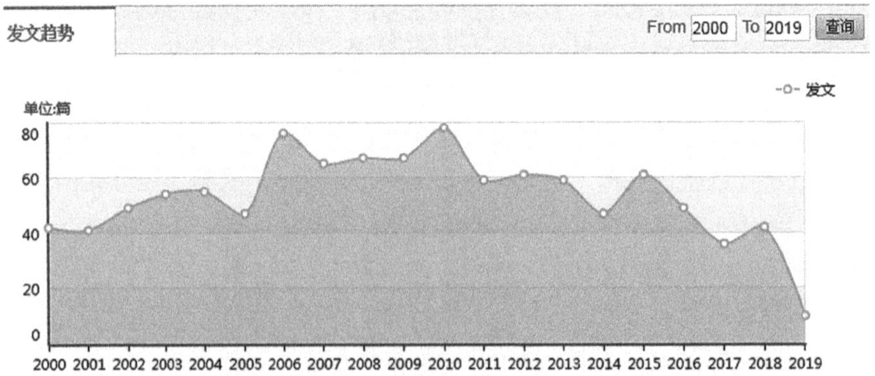

图 1.4　2000～2019 年跨流域调水学术研究指数分析

数据来源：中国知网

关，在跨流域调水工程规划论证阶段的研究相对密集。据数据显示，从 20 世纪 70 年代以来，每 10 年兴建的调水工程数量总体呈现逐步递增趋势，其中，2000～2009 年，已建或在建的工程达 50 项（高媛媛 等，2018）。随着南水北调中线和东线等大型调水工程的建设进程推进及《南水北调工程供用水管理条例》的颁布实施，对于跨流域调水的研究热度呈现减弱趋势。

从研究的重点领域来看，对跨流域调水的研究主要集中于调水工程、水资源管理、水资源配置及生态补偿等多个领域。这也体现了跨流域调水研究脉络的演进，由单纯论证跨流域调水工程的建设管理及运行，逐步转移到水资源配置及管理等深层次问题研究，并由水资源配置及管理延伸到生态补偿等调水工程建设完成之后引发的关于分配正义、利益保障层面的研究。综合而论，目前已有的关于跨流域调水研究从水利工程和经济学角度的研究占主要比重，研究的重点在于实现水资源的科学配置与管理。跨流域调水研究的关联领域分析见图 1.5。这些研究对于我国跨流域调水管理的提升提供了重要研究基础。随着我国跨流域调水工程建设逐步完成，借助政策和法律提升跨流域调水工程的规范化管理成为迫切需求。

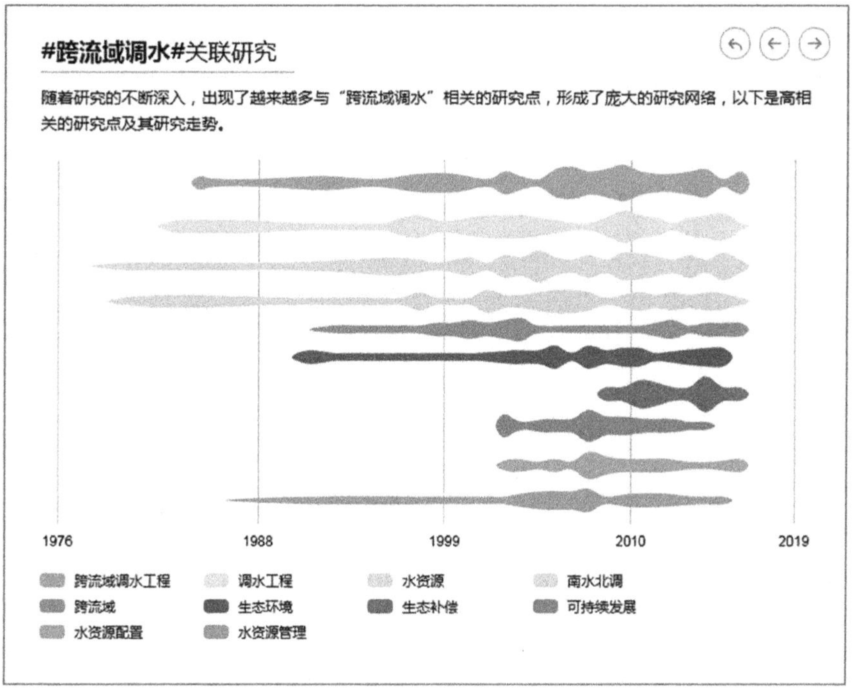

图 1.5　跨流域调水研究的关联领域分析

数据来源：中国知网

考察已有跨流域调水研究的法律方面研究成果，从生态补偿角度的研究占多数，全面分析我国跨流域调水现状并提出具体立法建议的研究目前较少。对跨流域调水的认识，不同学者结合跨流域调水的目标、功能、方式等，有所侧重。从法律角度研究跨流域调水的学术成果，主要集中在水权交易和生态补偿两个方面。

有的学者从调水目标出发，认为跨流域调水是调剂水量余缺的过程，目的是改善资源稀缺地区用水困境，促进这些地区经济与社会的发展（李蓉 等，2009）。有的学者注重对跨流域调水的功能进行认识，认为跨流域调水能够实现水资源优化配置，改善水资源、水环境的传统格局，保障经济发展与环境保护相协调（李梅 等，2008）。有的学者更注重跨流域调水的方式问题，认为跨流域调水是指在两个或多个流域之间修建蓄水、输水工程，利用自流或抽水等方式把一个流域的水输送到其他流域。水资源从一个流域转移到另外一个或数个流域主要是依赖于地质地貌而建立相应的水利工程，将水资源按照一定流向和流量向受水区进行输送（孙凡 等，2008）。王慧敏（2006）则从系统的角度对跨流域调水进行界定，认为跨流域调水是通过工程将不同的自然流域结合起来，形成一个集生态、经济、资源与工程于一体的、多流域、多水源、开放的复杂系统。因此，跨流域调水既是时间概念，又是空间上的概念。作为时间概念，跨流域调水是满足当代社会水资源稀缺地区对水资源需求的有效方式，但以不危害后代人的发展为前提。作为空间概念，跨流域调水在保证人类经济与社会发展的同时，还要保有良好的生态环境。跨流域调水中的人工方法一般有两种类型：改变河流的流向和修建能输送大量水的大运河。

本书重点研究对象为我国跨七大流域的调水。通过对我国跨流域调水的现状及存在主要问题的分析，归纳国内外跨流域调水管理与立法方面的发展规律及立法脉络；总结国内外重大跨流域调水工程的管理与运营过程中涉及的管理、法律和经济等多学科的问题，从立法、水资源统一管理和跨流域调水的运营管理模式等方面，归纳国内外跨流域调水工程运营管理的成功经验，围绕跨流域调水的主要法律制度建设，提出我国跨流域调水管理与立法的建议，规范国内跨流域调水的管理。本书的分析框架见图 1.6。

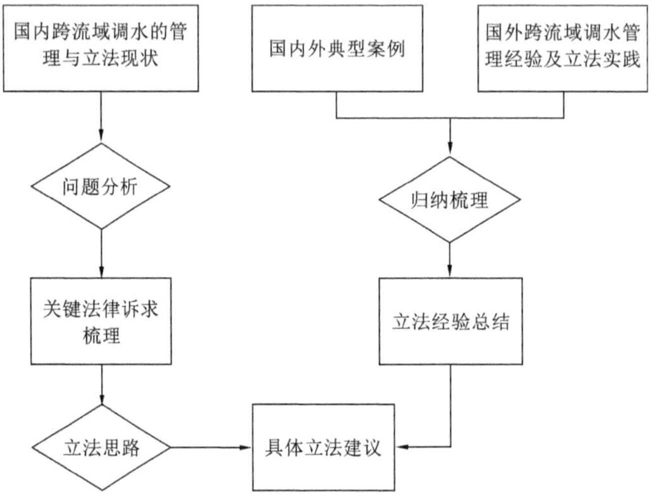

图 1.6 分析框架图

第2章　我国跨流域调水管理的发展与实践

跨流域调水是水资源开发利用的高级阶段，具有较高的技术含量和复杂性（游进军 等，2008）。我国是世界上最早进行调水工程建设的国家之一，有明确记载最早开通的人工运河是长江和淮河间的邗沟。公元前486年，中国首次开挖人工河道（史称“邗沟”，即今江苏省江北运河的前身）连通沿线众多湖泊，发展航运。中华人民共和国成立以后，为解决缺水城市和地区的水资源紧张状况，我国修建了多座大型跨流域调水工程，如江苏江水北调、天津引滦入津、东深供水、山东引黄济青、山西引黄入晋和举世瞩目的南水北调等工程。

跨流域调水的建设和运行关系国计民生，既是复杂的技术问题，也是经济、社会和管理的综合课题。对跨流域调水的管理是一项综合性、系统性的过程。本章通过从技术、管理角度梳理和总结分析我国跨流域调水的发展历程和主要实践，概括跨流域调水的运行框架，结合我国跨流域调水的主要实践，归纳跨流域调水涉及调水工程的规划、建设、工程的管理及维护等多个方面问题，理清跨流域调水的主要问题和现实挑战。

2.1 跨流域调水管理的运行框架

我国是世界上最早开展跨流域调水工程建设和管理的国家之一。跨流域调水工程建设和管理经历了古代水利管理、传统水利管理和资源水利管理的过程，逐渐建立起以可持续发展水利思路为理论基础的跨流域调水工程和谐建设与管理体制，以促进水资源的有效保护、优化配置和高效利用，实现人与自然和谐相处。

2.1.1 机构设置及管理模式

我国在不同年代、不用地区修建的跨流域调水工程管理模式多样，管理水平差异较大。国内跨流域调水工程管理模式各不相同，从建设到运行管理过渡方面，大都采用建设和管理结合的模式；在实际运行管理方面，基本上采取统一管理模式，有利于水资源分配和不同地区之间矛盾的协调。

根据我国目前大型跨流域调水工程的管理实践，工程建成后的运行与管理一般从调水全过程进行层次划分，实行从国家到地方的分级管理模式。一般由三个方面的管理，即输水总干渠由供水总公司代表国家管理，如南水北调工程总干渠设立的南水北调中线水源公司和南水北调东线总公司等；输水总干渠分水口以下至自来水厂的输水工程由调水区、水量通过区和受水区所在的省、市水利部门管理；自来水厂至用水户的净水和配水工程由受水区的省、市城市建设与管理部门负责管理。一般而言，跨流域调水工程在一个省级行政区域内的，一般由该省级相关部门建立跨流域引调水工程管理机构。如滇中引水工程建设管理单位是云南省滇中引水工程建设管理局，引汉济渭工程建设及运营管理主要由陕西省引汉济渭工程建设有限公司负责。跨两个或两个以上省级行政区的，由国务院相关部委组建管理机构，负责工程建设及调度运行管理。如南水北调东、中线一期工程，主要由原国务院南水北调工程建设委员会办公室或其授权委托的部门负责主体工程建设，组织制定南水北调工程年度水量调度计划并指导调度实施等工作。国务院其他相关部委在各自职责范围内，负责南水北调工程有关工作。

我国跨流域调水工程的管理体制已逐步形成以“政府宏观调控、股份制运作、企业化管理、用水户参与”的模式。国内最典型的是南水北调工程，它是在南水北调工程建设领导小组的领导下，由领导小组下设的办公室和公司法人，分别承担三个层面的管理工作，采用公司管理模式。其他各省市级的跨流域调水工程，如江水北调工程、引黄济青工程、引滦入津工程，均由省或直辖市统一管理、统一调度，由省或直辖市制定年度调水计划和水量分配方案，运行费用由省级水费和省财政负担。省水利厅直接管理或设立工程管理委员会，由其办事机构负责工程的统一管理、统一调度，年度调水计划和水量分配方案由省水利厅或工程管理委员会审批后实施。

2019 年国家机构改革实施后，由水利部负责跨区域调水工作的管理。水利部主要职责中明确指导监督水利工程建设与运行管理。组织实施具有控制性的和跨区域跨流域的重要水利工程建设与运行管理；组织提出并协调落实三峡工程运行、南水北调工程运行和后续工程建设的有关政策措施，指导监督工程安全运行，组织工程验收有关工作，督促指导地方配套工程建设（中华人民共和国水利部，2019）。具体工作由调水管理司负责，包括组织跨区域跨流域水资源供需形势分析，提出水资源供需总量平衡的意见建议，指导地方开展水资源供需形势分析；组织指导重要流域、区域及重大调水工程的水资源调度工作，并对实施情况进行监督检查；组织编制重点跨省、自治区、直辖市江河流域年度水量调度计划并监督实施；指导监督跨区域跨流域调水工程调度管理工作；组织指导大型调水工程前期工作；负责南水北调后续工程前期工作；组织指导大型调水工程后评估工作；指导地方调水工程前期工作。

2.1.2 管理原则

1. 依法管理原则

依法管理原则是指管理行为必须符合法律法规的规定，即管理的合法性原则。这是法治社会对管理的最基本要求，也是管理的第一原则。跨流域调水的依法管理是指在水资源配置与调度管理中的依法行政，即由法定的水资源管理机构依照法定的职权范围和程序管理水资源配置与调度的有关事务。具体体现在以下两方面。

（1）有关水资源管理机构必须依法设定，包括其机构的设定、职能权限划分、职权的行使程序等都要由法律规定。其中水资源管理机构的行政权限法定处于关键地位。对行政机关来说，其职权由法律规定，凡法律没有授予的职权，行政机关不得享有和行使。

（2）水资源管理机构的管理行为必须符合法律规定。依法管理原则在水资源管理中具有重要意义。水资源管理机构的一切管理活动都依法进行，从而起到规范和控制管理活动的作用，有利于保护相对人的合法权益。虽然依法管理原则直接强调对水资源管理活动的规范和控制，但就实质而言，这一原则的确立是为了切实保护行政相对人的合法权益。

2. 统一规划、宏观调配的原则

统一规划、宏观调配的原则是指在水资源配置过程中由政府代表国家对全国水资源的供给和需求全面统筹，并制订科学合理的分配方案，实现对水资源的集中统一调配。我国资源及人口特点为：一是人多；二是资源少（按人均量算），而这种资源分布又极不均衡，同时资源分布不均与我国生产力发展格局不相匹配。这给中国经济社会发展带来的影响十分深远。要解决这一问题，一定要在国家层面上实现资源配置，因此在我国不能单纯依靠市场经济进行调控，资源的配置很大程度要在国家层面上进行，例如西电东送、西气东输、北煤南运、南水北调等。这就在很大程度上决定了中国采取的经济管理制度，即我国的经济管理制度是和人口、资源、环境特点相适应的。同样水资源管理要在国家宏观经济指导下进行，必须反映我国经济发展特点。

3. 总量控制、定额管理、以供定需的原则

总量控制是指国家对某一区域可利用的水资源总量实行总体把握和限制，使各用水户的取用水总量不会超过当地可用的水资源总量，以保证水资源的循环能力和生态安全。定额管理是指国家根据可利用水资源的情况对每一用水户下达最高限额的用水指标管理方法。以供定需是指国家根据供水能力的大小来确定各用水户的需要。

对水资源实行“总量控制、定额管理”是实现用水有效管理的重要手段和措施。对于节约与保护水资源、实现水资源可持续利用、提高水资源承载能力、恢复生态环境具有重大意义。重要水库、河流、湖泊、地下水的水量分配方案，都应属于总量控制的范畴。以供定需主要包括两个方面：一是由流域管理机构根据流域水资源状况、生态环境状况和经济布局，按节水优先、发展优先、发展为本、注重生态的原则，确定用水定额的制定原则、范围及参考值；二是地方水行政主管部门会同行业主管部门制定行业用水定额，并由地方制定定额管理的政策，由有关部门监督执行。在确保生态环境和水资源承载能力的基础上，推进跨流域调水管理，由供水管理向需水管理转变，逐步实现以水定需、以供定需。

4. 以流域为单元制订水量分配方案的原则

以流域为单元制订水量分配方案的原则是水资源合理配置的基础，是尊重自然规律的体现。流域水资源配置和利用，要处理好局部与整体的关系，使整体效应大于各部分之和，并通过统一的权威性的流域管理机构负责实施。

5. 留有余地和灵活调度的原则

跨流域调水形成的水资源重新分配，应根据流域规划和水资源中长期供求规划对用水总量控制，目的是为形成更高和更好的水资源利用格局，促进地区的经济社会发展。

由于跨流域调水涉及的因素较多，包括调水区的可调水量、受水区的用水需求量、调水工程的运行成本等，其建设和运营过程对工程所涉区域的地方经济、地理环境、人文环境及生态环境仍造成了不同程度的压力。但现实中往往存在跨流域调水规划设计分析和论证过程对不确定性和诸多变量考虑不周的问题，这导致调水实施效果与设计规划效果存在重大偏差，因此，跨流域调水应该综合考虑调水区和受水区近期供用水情况和未来水情、雨情和工程情况变化，并以此确定和调整调水规模，留有目标函数实现的弹性空间，灵活调度。

6. 无偿划拨与有偿出让相结合的原则

无偿划拨与有偿出让相结合是指国家把水资源配置给公益用水单位时采取无偿划拨的方式，配置给公益用水单位以外的用水主体时采取有偿出让的方式。水资源有偿出让包括征收水资源费和水费，其主要作用是利用经济杠杆调节水资源的供求关系。为充分发挥征收水资源费的经济杠杆作用，就要根据水资源的用途和当地的经济发展水平制定出合理的征收标准。生态用水、环境用水等公益用水通常采取无偿配置原则。因为公益用水具有社会的公共产品性质，政府本身具有提供社会公共产品的义务。水资源有偿出让是因

为水资源有价值。在有偿出让的情形下，水资源价值的表现形式为水资源的价格。水资源的价格，是水资源使用权的资产化，体现了水资源所有者与使用者之间的经济关系。

7. 出让方式获得的水权有使用期限的原则

国家出让的水资源使用权和取水权不是无期限的，需在规定的时间内行使，水资源的使用权和取水权也是在所规定的存续期间内有效，期限届满权利即消失。

水资源属国家所有，是可以重复利用和更新再利用的。资源共享从法律到事实都是被认可的，在一个国家范围内应按资源共享原则对水资源进行优化配置。如果实施以出让方式获得的水权无期限使用的制度，实际上就是对国家水资源所有权和配置权彻底出卖，国家将无法对水资源的优化配置进行再管理，水资源属国家所有的法律规定就成为一纸空文。

8. 水资源管理的公平与效率原则

水资源是个人生存的基本需要，因此应贯彻机会均等的公平原则，使全体社会成员平等地获得水资源。如果现实的水资源配置出现不合理差异，则需要加以矫正。水资源管理中的效率原则是指以最少的投资或花费，以最低的交易成本，获得水资源管理的最好效果或最大效益。水资源管理效率原则要求水资源行政主管部门在制订水资源规划、水资源的分配、取水资源的审批、水资源监督管理等活动中都应当以效率作为其价值目标，简化管理环节和审批程序，科学设置管理模式和流程。在西方国家，效率原则始终是评价政府活动及体制的合理性的重要标准之一。

9.“先治污、后调水”原则

跨流域调水系统涉及范围较一般水利工程大得多，势必导致更多因素的自然生态环境变化，有些生态环境的变化甚至是不可逆转的，这就表现出生态环境后效性。如何预见和防治生态环境方面的后效性，则是需要研究的又一重要问题。因此，有必要始终坚持“先治污、后调水”和调水有利于保护、改善生态环境的原则，进行跨流域调水规划和管理。

在市场经济条件下，跨流域调水工程所涉及的省市取得了调水权后，就有资格对其进行使用和分配。在进行水资源再分配时，又必须同时考虑受水区和调水区两方面的实际情况，进而区别对待。这里所说的调水区，应该既包括跨流域调水工程源头上的调水区，也包括了跨流域调水中调水权分配后，享有水资源较丰沛能够将调入水权进行再分配出让的地区。对调出地区水权进行再分配时，首先要做的是摸清调出区水资源家底，即应通过水资源评价来确定调出区水资源的可利用量。一般意义上的水资源可利用量是指在流域水循环过程不致发生明显不利改变的前提下，从流域地表或者地下允许开发的一次性水资源量。而在跨流域调水过程中，所指的水资源可利用量还应当包括已经获得的调水权所确定的水量。水资源可利用量的大小与经济实力、技术水平、水污染状况等因素有关，是最大可能开发利用的水资源量。全面掌握该地区的水资源量是进行水资源合理配置和开展跨流域调水的基础和前提。只有摸清该调水区有多少水量可调，才能进一步合理配置水资源。因为受水区的水资源承载能力的提高是基于调水区的水资源承载能力的降低，受水区的经济社会发展一定不能造成调水区的生态系统恶化，更不能因为调水阻碍了调水区经济社会的可持续发展。其次是分析调水区水资源需求结构。水资源需求可以分为基本需求、生态环境需求和经济需求三种。基本需求是指满足公民生存与发展而必需的水量，即使在市场经济体制国家，基本用水需求也作为人权的范畴由政府提供保障，这部分需求必须无条件满足，不能通过市场解决。在跨流域调水过程中调水区应该按当地人口计算的水资源基本需求在水资源配置中优先予以满足。生态环境需求是维持生态系统正常运转所需的水资源量，是一种非排他性的公共物品，同样难以进入水市场，这部分需求应当由政府负责提供，也要排除在可调水之外。经济需求是指工业需求、农业需求等多样化用水需求，具有竞争性、排他性、收益关联性等私有物品特征，可以通过配置初始水权、通过市场机制进行水权交易的形式实现水资源在地区和行业间的优化配置。

2.1.3　管理内容

跨流域调水系统的管理和运行是一项复杂的系统工程，涉及调水区、受水区及调水沿线的水量分配、生态环境保护等问题。在管理内容上有以下几种分类。

1. 调度目标

大型跨流域调水工程通常是发电、供水、航运、灌溉、防洪、旅游、养殖及改善生态环境等目标和用途的集合体，多目标性是跨流域调水的基本特征。评价一项跨流域调水管理与立法的成功与否，首先要检视工程建设之初的目的与效益的实现程度，是否达到了预期目标、是否实现了预期效益。重视多目标综合开发利用是跨流域调水的一大特点。每项调水工程都尽可能多方面结合，务必使其充分发挥效益，其中包括城市工业、农村、防洪、发电、航运、旅游、渔业等直接收益。

国内跨流域调水的目标和效益经历了一段时期的转换过程，在不同的历史时期，调度的目标和效益的侧重点不同，总体而言，呈现从单一向多目标的转变。考察国内目前已建的调水工程，在 20 世纪 70 年代以前多以农业灌溉为主要目标，随着我国社会经济的不断发展，城市用水的增加，水资源供需矛盾逐渐突出。为解决城市缺水，从 80 年代起，陆续建设了一批调水工程，在解决城市供水上发挥了显著效益，有的还在解决干旱地区的经济社会发展和生态环境的改善方面发挥了作用。

2. 效益分析

跨流域调水工程的效益可以分为经济效益、社会效益、环境效益。其中，经济效益包括供水效益、发电效益和其他效益。跨流域调水工程对缓解或解决缺水地区城市和工农业用水，对当地经济发展起着重要的作用。跨流域调水工程的建设一般能够利用较大的水流落差发电，为调水区和受水区提供廉价电能。有的调水工程甚至就是专门为水力发电而设计修建的。调水可以增加船舶通航和里程，促进航运事业发展，降低运输成本，加强区域经济交流。调水可以把营养盐带入调水体系，有利于饵料生物和鱼类生长与繁殖，促进渔业发展，调水还可以带来旅游、娱乐业等综合效益。

社会效益包括地质效益、防洪效益。地质效益指调水灌溉可以减少地下水的开采，有利于地表水、土壤水和地下水的入渗、下渗和毛管上升、潜流排泄等循环，有利于水土保持和防止地面沉降。防洪效益指调水工程一般都能够起到一定的调蓄作用，可以对江河水进行年内调节或多年调节，有效地利用弃水，化害为利。因此，大多数跨流域调水工程都具有不同程度的防洪作用。

3. 利益分析

跨流域调水工程的建设与运行涉及社会、经济很多方面，其相关利益主体众多，关系复杂。根据利益相关者理论，利益相关者可以分为直接利益相关者和间接利益相关者。从跨流域调水工程的运行目标来说，一个跨流域调水工程的直接利益相关者包括投资者、水源公司、供水总公司、驻省分公司、监管单位、沿线各省用水户和实现其他目标的利益相关者。间接利益相关者包括生态环保部门、航运部门、沿线居民、沿线渔业养殖户、水运户、其他调水工程及供水公司等。利益主体的多元性和利益表现形式的多样性，决定了利益分析是跨流域调水建设和运行的主要评价标准之一。

2.2　跨流域调水管理的主要实践

我国跨流域调水工程主要集中在七大流域内，其中建设在以水量较为丰富的长江流域和较为缺水的黄河流域的跨流域调水工程居多。具体而言，长江流域自然资源丰富、生态地位突出，在保障国家生态安全方面发挥着重要作用。流域内森林覆盖率达41.3%，河湖、水库、湿地面积约占全国的20%，物种资源丰富，珍稀濒危植物占全国总数的39.7%，淡水鱼类占全国总数的33%，是珍稀水生生物的天然宝库；蕴藏极其丰富的水资源，多年平均水资源总量约9 958亿m^3，约占全国水资源总量的35%，是我国水资源配置的战略水源地，在我国经济社会发展和生态环境保护中具有十分重要的战略地位（环境保护部 等，2017）。

黄河流域以占全国2%的河川径流量，养育了全国12%的人口，灌溉了15%的耕地，创造了全国14%的国内生产总值，是60多座大中城市、340个县（市、旗）及众多能源基地的供水生命线。截至2019年8月12日，黄河实现连续20年不断流。黄河在我国经济社会发展中具有重要的战略地位，但从20世纪70年代开始，黄河疲态尽显、难堪重负。频繁断流直接影响黄河沿线城乡工农业生产生活，河道萎缩进一步加剧、河流自净能力降低、生态系统失衡，同时造成严重经济损失。1987年，国务院批复《黄河可供水量分配方案》，将黄河多年平均580亿m^3天然径流量中的最大可供量扣除输沙、生态等河道内用水的370亿m^3，分配到黄河沿线9个省（自治区）和河北省、天津市，并在批复意见中明确要求，黄河流域各省（自治区）以黄河可供水量分配指标为控制，合理安排本省经济社会发展规模和经济发展布局。这在流域层面，明确了各省（自治区）分配的水量，使得黄河成为我国大江大河首个进行全河水量分配的河流（黄河网，2019）。经国务院批准，1998年12月，水利部等部门联合颁布实施《黄河水量调度管理办法》，黄河水利委员会从1999

年 3 月正式实施黄河水量统一调度，这在我国七大江河流域中首开先河。同年 8 月 12 日之后，黄河干流再未出现断流（新华社，2019）。

针对黄河流域的年内年际的时间分配的不平衡性，实施跨流域调水，在更大范围内优化了水资源配置，使之与黄河流域经济社会发展布局相适应，成为黄河流域解决资源型缺水地区供需矛盾的有效途径。通过修建蓄水、输水工程向缺水的黄河流域补给水源，特别是通过引黄济津、引黄入冀、引黄济青等跨流域调水工程的实施，有效解决了黄河流域的缺水问题（黄河网，2019）。截至 2019 年 8 月，黄河干流累计供水超过 6 000 亿 m^3，在黄河水资源"先天不足"的情况下，7 次引黄济津、16 次引黄入冀、20 次引黄济青，累计跨流域调水 210 亿 m^3（新华社，2019）。

2.2.1　已建成运行的重大跨流域调水工程

本小节主要介绍我国南水北调工程、引黄济青工程、引黄入晋工程、黑河引水工程、东深供水工程、江水北调工程、引滦入津工程和引江济太工程等工程情况。具体见表 2.1。

表 2.1　我国已建成运行的跨流域调水工程情况对比

项目名称	工程目标	运行管理	法律法规保障	问题与不足
南水北调工程	①供水；②灌溉；③生态环境	①政府行政监管、工程建设管理和决策咨询；②原国务院南水北调工程建设委员会办公室（2018 年国家机构改革后划归水利部，更名为南水北调工程管理司）作为工程建设高层次的决策机构；③工程沿线各省、直辖市成立南水北调工程建设领导小组，下设办事机构；④南水北调工程建设管理以南水北调工程项目法人为主导，项目法人是工程建设和运营的责任主体；⑤南水北调工程建设委员会专家委员会，对南水北调工程建设中的重大技术、经济、管理及质量等问题进行咨询	《南水北调工程供用水管理条例》（国调委发(2014)5 号）	①规划设计与实际运行偏差较大；②中线工程原为补充水源，现变为主要水源，超出原供水设计；③水价的制定与市场化运作之间的矛盾相对突出；④水价偏低，水费收取困难；⑤生态补水
引黄济青工程	①供水；②灌溉；③生态环境	①实行统一管理与分级负责、专业管理与群众管理相结合；②山东省政府设立引黄济青管理委员会，负责协调引黄济青工程管理的重大问题，下设引黄济青工程管理局	《山东省引黄济青工程管理试行办法》（1989 年颁布，2014 年失效）	①工程建设与运营管理不平衡；②由于工程调水运行多年，部分工程设施开始老化，逐年更新改造维修的任务加重，特别是渠首沉沙池问题更为突出；③水费收取困难

续表

项目名称	工程目标	运行管理	法律法规保障	问题与不足
引黄入晋工程	①供水；②发电；③灌溉	①工程建设和管理单位为山西省万家寨引黄工程管理局，负责引黄工程保护的具体工作；②引黄工程沿线各级人民政府对本行政区域内的引黄工程保护工作负有重要责任	《山西省万家寨引黄工程保护条例》（2005 年）	①工程设计与建设运行管理偏差较大；②计划用水管理向市场化管理转变的阻力较大；③水价偏低
黑河引水工程	①供水；②灌溉；③防洪；④发电；⑤旅游	黑河流域管理局会同甘肃、内蒙古两省（自治区）水利厅，经过充分协商，共同制定了《黑河干流省际用水水事协调规约》	①《黑河干流水量调度管理暂行办法》（水资源〔2000〕221 号）；②《西安市黑河引水系统保护条例》（2016 年修订）；③《黑河干流水量调度管理办法》（2009 年）	①水量调度计划在丰水期，难以协调各方用水需求；②缺乏有效多方利益主体协调机制；③政府管水与市场化管理之间矛盾较为突出
东深供水工程	①供水；②生态环境	①广东省、市水行政主管部门负责东深供水工程的水行政管理工作；②广东省生态环境主管部门负责东深供水工程和东江流域水污染防治的统一监督管理工作；③工程沿线各级人民政府，依法做好东深供水工程及水质的保护和管理工作	①《广东省东江水系水质保护条例》（2002 年颁布，2018 年修订）；②《广东省水利工程管理条例》（2014 年修订）；③《广东省东深供水工程管理办法》（2018 年修订）	①规划设计与实际运行偏差较大；②从香港补充水源的位置转变为香港的主要水源；③水价偏低
江水北调工程	①供水；②灌溉；③发电	①骨干工程管理体制上实行的分级管理，江苏省管控制枢纽，河道和灌区分别由市、县管理，形成按供水系统的统一管理和经营；②次一级工程原则上由市、县管理，灌区工程（包括灌区取水口门和干渠、支渠口门）设立灌区管理所管理，管理情况视不同市、县和灌区而不同	《南水北调工程供用水管理条例》（2014 年）	规划设计与实际运行偏差较大，江水北调工程在初建时，对必要的管理手段考虑不足，致使现有工程的控制运用、检查观测、养护维修等设施缺乏。近年来对枢纽工程、重点闸站加强了设施配套，建成自动监控系统，但面上管理措施包括量水措施都很少，更缺乏完善的水质自动检测系统

续表

项目名称	工程目标	运行管理	法律法规保障	问题与不足
引滦入津工程	①供水；②灌溉	①采取海河水利委员会和地方分级管理的模式；②海河水利委员会下设引滦工程管理局，负责潘家口水库、大黑汀水库和分水闸的管理；③天津市设引滦工程管理局，负责分水闸出口以下引滦入津工程管理，其下设有 6 个管理处；④河北省水利厅在唐山市设立引滦入唐工程管理局，负责分水闸出口以下引滦入唐工程管理	①《天津市引滦水源污染防治管理条例》（2002 年）；②《天津市生态环境保护条例》（2019 年）	①规划设计与实际运行存在较大偏差；②工程管理涉及多个部门和层级，存在待理顺的问题；③引滦供水水价偏低，水费不计成本、不提折旧、不提大修理基金，水费收入维持正常运行困难很大
引江济太工程	①生态环境；②航运；③供水	①在调水试验期间，成立了太湖流域引江济太调水试验领导小组，负责监督、协调引江济太调水试验方案的具体实施；②太湖局负责常熟水利枢纽、望亭水利枢纽、太浦闸的调度运行，其他各水利工程的调度由相应省市防汛抗旱指挥部按照引江济太调水试验方案具体负责	《太湖流域管理条例》	管理体制不合理，太湖局成立了太湖流域引江济太办公室作为项目建设法人，并成立了由太湖局和两省一市水利（水务）厅（局）主要负责人组成的引江济太试验工程领导小组。其引水调度基本上将长江流域管理机构排除在外，影响了流域水资源的统一管理与运行调度

1. 南水北调工程

1）工程概况

南水北调工程横跨长江、淮河、黄河、海河四大流域，不仅解决水资源补给问题，而且是在更大范围内进行水资源优化配置，通过东线、中线、西线三条调水线路与长江、淮河、黄河、海河联系，构成“四横三纵”水网的总体布局，为经济社会可持续发展提供水资源保障。工程点多、线长，东线、中线一期工程包含单位工程 2 700 余个。其中，不仅有一般水利工程的水库、渠道、水闸，还有大流量泵站，超长、超大洞径过水隧洞，超大渡槽、暗涵等。东线工程和中线工程加起来长度近 3 000 km，长距离调水工程受气候的变化影响很大，工程建设和运行的要求非常高。南水北调三条线共调水 448 亿 m^3，相当于一条黄河的水量。东线工程和中线工程又处于我国比较发达的地区，中线还有跨渠桥梁 1 800 多座，跨越的公路、铁路、油气管道加在一起几千处，是我国跨流域调水工程上技术难度最大的调水工程。

黄淮海流域是我国水资源承载能力与经济社会发展矛盾最为突出的地区，人均水资源量 462 m^3，仅为全国平均水平的 21%，其中京津两市所在的海河流域人均水资源量仅为 292 m^3，不足全国平均水平的 1/7。黄淮海流域总人口 4.4 亿，约占全国人口的 35%，国内生产总值约占全国的 35%，人口密度大，大中城市多，在中国经济格局中占有重要地位，而水资源量仅占全国总量的 7.2%。由于长期干旱缺水，这一地区有 2 亿多人口不同程度存在饮水困难，700 多万人长期饮用高氟水、苦咸水，一批重大工业建设项目难以投资落成，制约了经济社会的发展。过度利用地表水、大量超采地下水，挤占农业及生态用水，造成地面下沉、海水入侵、生态恶化。黄淮海流域水污染严重的形势进一步加剧了水资源的短缺。由于资源性缺水，即使充分发挥节水、治污、挖潜的可能性，黄淮海流域仅靠当地水资源已不能支撑其经济社会的可持续发展。为缓解黄淮海流域日益严重的水资源短缺，改善生态环境，保持经济发展和社会进步，促进黄淮海流域的经济发展和社会进步，中央决定在加大节水、治污力度和污水资源化的同时，从水量相对充沛的长江流域向这一地区调水，实施南水北调工程（中国南水北调工程，2010）。经过 20 世纪 50 年代以来的勘测、规划和研究，在分析比较 50 多种规划方案的基础上，分别在长江下游、中游、上游规划了三个调水区，形成了南水北调工程东线、中线、西线三条调水线路。通过三条调水线路，与长江、淮河、黄河、海河相互连接，构成我国中部地区水资源“四横三纵、南北调配、东西互济”的总体格局。

（1）南水北调东线工程。利用江苏省已有的江水北调工程，逐步扩大调水规模并延长输水线路。东线工程从长江下游扬州市江都区抽引长江水，利用京杭大运河及与其平行的河道逐级提水北送，并连接起调蓄作用的洪泽湖、骆马湖、南四湖、东平湖。出东平湖后分两路输水：一路向北，在位山附近经隧洞穿过黄河，输水到天津；另一路向东，通过胶东地区输水干线经济南输水到烟台、威海。一期工程调水主干线全长 1 466.50 km，其中长江至东平湖 1 045.36 km，黄河以北 173.49 km，胶东输水干线 239.78 km，穿黄河段 7.87 km。规划分三期实施。目前已实施的东线一期工程为一等工程，由调水工程和治污工程两大部分组成。其中，调水工程建设内容包括：疏浚开挖整治河道 14 条，新建 21 座泵站，更新改造泵站 4 座，新建东湖、双王城、大屯三座调蓄水库，实施洪泽湖和南四湖下级湖抬高蓄水位影响处理工程、实施东平湖蓄水影响处理工程，建设穿黄工程，建设南四湖水资源控制和水质监测工程、骆马湖水资源控制工程，建设沿线截污导流工程，实施里下河水源调整补偿工程和血吸虫病防治工程，建设调度运行管理系统等。治污工程分为污水处理及相关设施、工业治理、截污导流、垃圾处理 5 类，共 426 个项目，其中山东省 324 个、江苏省 102 个（中国南水北调工程，2010）。

（2）南水北调中线工程。南水北调中线工程从汉江引水，穿越长江、淮河、黄河、海河 4 个流域，涉及北京市、天津市、河北省、河南省 4 省（直辖市），是缓解我国北方城市水资源严重短缺、实现我国水资源整体优化配置、改善生态环境的重大战略性基础设施工程，工程设计多年平均调水规模 95 亿 m^3。南水北调中线一期工程自 2014 年 12 月 12 日正式通水以来，累计由丹江口水库陶岔渠首向北方调水超过 200 亿 m^3。惠及北京市、天津市等 24 个城市，受益人口超 5 320 万人，提高了沿线城市的供水保证率，具有显著的社会效益、经济效益、生态效益。2018 年以来，工程在向受水区城市生活、工业供水的基础上，实施生态补水，截至 2019 年 8 月底，受水区生态补水约 18 亿 m^3，受水区沿线河流生态与水质得到改善、地下水位明显回升、河湖水量明显增加、河湖水质明显提升①。

从大坝加高扩容后的丹江口水库陶岔渠首闸引水，沿线开挖渠道，经唐白河流域西部过长江流域与淮河流域的分水岭方城垭口，沿黄淮海平原西部边缘，在郑州市以西李村附近穿过黄河，沿京广铁路西侧北上，可基本自流到北京市、天津市。输水干线全长 1 431.945 km（其中，总干渠 1 276.414 km，天津输水干线 155.531 km）。规划分两期实施。目前已经实施的中线一期工程任务是向华北平原包括北京、天津在内的 19 个大中城市及 100 多个县（县级市）提供生活、工业用水，兼顾生态和农业用水①。中线一期工程为一等工程，由水源及输水干线工程、汉江中下游治理工程、丹江口库区及上游水污染防治和水土保持等部分组成。水源及输水干线工程包括丹江口水库大坝加高、丹江口水库库区移民安置、陶岔渠首枢纽重建、穿黄河隧洞、穿漳河枢纽、输水明渠及其与河流的交叉建筑物、惠南庄泵站、预应力钢筒混凝土管（prestressed concrete cylinder pipe，PCCP）和暗涵等，其中，丹江口大坝将按正常蓄水位 170 m 一次加高，工程完成后任务调整为防洪、供水为主，结合发电、航运等综合利用。汉江中下游治理工程包括建设引江济汉、兴隆水利枢纽、部分闸站改造、局部航道整治 4 项工程。

（3）南水北调西线工程。西线工程拟通过在长江上游通天河、支流雅砻江和大渡河上游筑坝建库，开凿穿过长江与黄河分水岭巴颜喀拉山的输水隧洞，调长江水入黄河上游。西线工程的供水目标，主要是解决涉及青海、甘肃、宁夏、内蒙古、陕西、山西 6 省（自治区）黄河上中游地区和渭河关中平原的缺水问题。结合兴建黄河干流上的大柳树水利枢纽等工程，还可以向临近黄河流域的甘肃省河西走廊地区供水，必要时也可根据情况向黄河下游补水（中国南水北调工程，2010）。

据《南水北调工程总体规划》，三条调水线路工程均需分期实施。从目前缺水形势及我国经济社会发展的需要等方面进行综合分析，先期实施东线一期工程和中线一期工程。南水北调工程建设是多目标的，不仅是水资源配置工程，更是一个造福人民的综合性生态工程。工程实施后，将极大地提高受水区水资源与水环境承载的能力，向沿线 100 多个城市供水，同时把城市侵占的一部分农业用水和生态用水偿还给农业和生态。2018 年南水北调工作取得显著成效：在抓好工程安全平稳运行的基础上，着力增加供水水量、提升供水水质、扩大供水范围、积极进行生态补水，东线和中线工程年度调水 85.48 亿 m^3，超额完成调水任务。东线水质持续稳定保持地表水 III 类水质以上，中线水质一直优于 II 类。同时，加速推进工程验收，稳步做好财务决算，大力推动运行管理标准化和规范化建设，加快配套工程建设，各项工作稳步推进。东、中线一期工程全面通水近 5 年来，调水量突破 250 亿 m^3，惠及沿线 1 亿多人口（中国水利，2019）。截至 2018 年 12 月 12 日，累计调水 222 亿 m^3，中线一期工程累计调水 191 亿 m^3，不间断供水 1 461 天，累计向京津冀豫四省（市）供水 179 亿 m^3，东线一期工程累计向山东供水 31 亿 m^3。东中线一期工程

① 长江勘测规划设计研究有限责任公司, 2018. 南水北调中线一期工程 2016～2017 年度水量调度计划实施总结报告[R].

建成通水到输水 100 亿 m^3，历时近 3 年时间；从 100 亿 m^3 到 200 亿 m^3，仅用了一年的时间。北京市形成一纵一环输水大动脉，南水占主城区的自来水供水量的 73%，密云水库蓄水量自 2000 年以来首次突破 25 亿 m^3，中心城区供水安全系数由 1.0 提升到 1.2。监测结果显示，通水以来，中线调水区水质总体较好，丹江口水库水质为 II 类，中线工程输水水质一直保持在 II 类或优于 II 类。其中 I 类水质断面比例由 2015～2016 年的 30%提升至 2017～2018 年 80%左右；东线工程输水水质一直保持在 III 类。南水已成为京津冀豫鲁地区 40 余座大中型城市的主力水源，黄淮海平原地区超过 1 亿人直接受益。中线工程总受益人口 5 300 余万人。东线工程总受益人口 6 600 余万人，其中山东胶东半岛实现南水全覆盖（中国南水北调工程，2018）。

2）**管理模式**

南水北调工程实行“政府宏观调控、准市场机制运作、现代企业管理和用水户参与”的体制原则。实行政企分开、政事分开，按现代企业制度组建南水北调项目法人，由项目法人对工程建设、管理、运营、债务偿还和资产保值增值全过程负责。按照政企分开、政事分开的原则，严格实行项目法人责任制、建设监理制、招标承包制和合同管理制。南水北调工程建设在项目法人的主导下，实行直接管理与委托管理相结合，大力推动代建制管理的新的建设管理模式。为发挥工程沿线各省市的积极性，对部分工程项目建设采用委托制，由项目法人以合同的方式将部分工程项目委托项目所在省市建设管理机构组织建设。对工程技术含量高、工期紧的流域大型枢纽建筑物及省际、市级行政区域边界工程，减少建设和管理环节，由项目法人直接管理，以利于控制关键节点工程的建设。不论是实行直接管理还是委托制的项目，都积极推行代建制。通过市场选择，充分发挥社会管理资源在工程建设中的作用。工程建设管理及运行管理，委托有资质有经验的建设管理单位或运行管理单位承担。代建制的推行，不仅有利于促进管理水平的提高，也为今后运行管理的资源配置预留了空间。采取新的建设管理模式是南水北调工程建设管理的实际需要，有利于发挥地方积极性，有利于提高工程建设管理的效率、降低建设管理成本和提高管理水平。

从制度上讲，《南水北调工程建设管理的若干意见》（国调委发〔2004〕5 号）也作出明确规定。其中第二十条规定，“南水北调主体工程建设采用项目法人直接管理、代建制、委托制相结合的管理模式。实行代建制和委托制的，项目法人委托项目管理单位，对一个或若干单项工程的建设进行全过程或若干阶段的专业化管理。项目管理单位在单项工程建设管理中的职责范围、工作内容、权限等，由项目法人与项目管理单位在合同中约定。南水北调主体工程建设项目代建和委托管理办法由南水北调办另行制定。”

南水北调工程建设管理体制的总体框架分为政府行政监管、工程建设管理和决策咨询三个方面（中国南水北调工程，2006）。

（1）政府行政监管。原国务院南水北调工程建设委员会办公室（2018 年国家机构改革后划归水利部，更名为南水北调工程管理司）作为工程建设高层次的决策机构，决定南水北调工程建设的重大方针、政策、措施和其他重大问题。国务院南水北调办公室作为建设委员会的办事机构，负责研究提出南水北调工程建设的有关政策和管理办法，起草有关法规草案；协调国务院有关部门加强节水、治污和生态环境保护；对南水北调主体工程建设实施政府行政管理。

工程沿线各省、直辖市成立南水北调工程建设领导小组，下设办事机构，贯彻落实国家有关南水北调工程建设的法律、法规、政策、措施和决定；负责组织协调征地拆迁、移民安置；参与协调省、自治区、直辖市有关部门实施节水治污及生态环境保护工作，检查监督治污工程建设；受国务院南水北调办委托，对委托由地方南水北调建设管理机构管理的主体工程实施部分政府管理职责，负责地方配套工程建设的组织协调，研究制定配套工程建设管理办法。

（2）工程建设管理。南水北调工程建设管理以南水北调工程项目法人为主导，包括承担南水北调工程项目管理、勘测设计、监理、施工、咨询等建设业务单位的合同管理及相互之间的协调和联系。

南水北调工程项目法人是工程建设和运营的责任主体。建设期间，主体工程的项目法人对主体工程建设的质量、安全、进度、筹资和资金使用负总责；负责组织编制单项工程初步设计；协调工程建设的外部关系。承担南水北调工程项目管理、勘测（包括勘察和测绘）设计、监理、施工等业务的单位，通过竞争方式择优选用，实行合同管理。

（3）决策咨询。成立南水北调工程建设委员会专家委员会。主要任务是对南水北调工程建设中的重大技术、经济、管理及质量等问题进行咨询；对南水北调工程建设中的工程建设、生态环境、移民工作的质量进行检查、评价和指导；有针对性地开展重大专题的调查研究活动。

总体而言，南水北调工程具有 4 个特点：一是在项目建设的管理上，既要体现项目法人的责任主体地位和作用，又要建立多层次分级负责管理的体系，既要充分调动项目法人的积极性，又要充分调动所经地区的积极性；二是除主体工程建设以外，还有大量相关工作，如征地移民、生态与环境保护、水污染治理、文物保护、节水、地下水控制开采、产业结构调整等，涉及众多地区、众多部门的职责和利益关系调整，必须通过中央和地方政府及相关部门有效的合作与协调来实现；三是在南水北调工程建设中各项政策的制定与实施，必须充分考虑有利于工程建设、经济发展、社会稳定的要求，充分听取沿线各级政府和广大人民群众的意见，建立有效的信息沟通的渠道，接受社会、公众的监督；四是南水北调工程建设事关我国经济社会长远发展，必须建立科学民主的决策机制，广泛听取专家和社会各界的意见和建议。

为了加强工程的供用水管理，充分发挥南水北调工程的经济效益、社会效益和生态效益，有必要制定一部行政法规，对工程的水量调度、水质保障、用水管理和工程保护等进行全面规范。对这种大型水利工程进行专门立法，国务院已有先例，如 2001 年针对长江三峡工程的移民工作制定了《长江三峡工程建设移民条例》。根据南水北调工程供用水管理的实践需要，2014 年 2 月 16 日，国务院制定并颁布了《南水北调工程供用水管理条例》（以下简称《条例》），《条例》重点规范了 4 个方面：一是水量调度，主要规范水量调度方案的制订和下达执行、突发事件应急处置等；二是水质保障，主要规范饮用水水源保护、水污染防治等；三是用水管理，主要规范受水区水资源统筹调配、节约用水等；四是工程实施管理与保护，主要规范有关地方人民政府、有关部门和单位的工程保护职责及工程保护措施等。根据该《条例》，国务院水行政主管部门负责南水北调工程的水量调度、运行管理工作，国务院环境保护主管部门负责南水北调工程的水污染防治工作，国务院其他有关部门在各自职责范围内，负责南水北调工程供用水的有关工作。南水北调工程水源地、调水沿线区域、受水区县级以上地方人民政府负责本行政区域内南水北调工程供用水的有关工作，并将南水北调工程的水质保障、用水管理纳入国民经济和社会发展规划（中国南水北调工程，2018）。

水利部南水北调工程管理司，由综合处、技术经济处、运行管理处、工程建设处、工程验收处组成。主要职责包括 8 个方面。

（1）协调落实南水北调工程有关重大政策和措施，参与重大技术经济问题研究。

（2）组织协调南水北调工程运行管理工作，指导开展南水北调工程运行规范化、标准化建设。

（3）监督指导南水北调工程安全运行管理，组织开展监督检查。

（4）组织制订南水北调工程年度水量调度计划并指导调度实施。

（5）组织协调南水北调工程竣工财务决算和审计有关工作。

（6）组织协调南水北调工程验收有关工作。

（7）组织协调南水北调后续工程及东中线一期剩余工程建设管理工作。

（8）督促指导地方南水北调配套工程建设。

根据国务院南水北调工程建设委员会批复的南水北调工程项目法人组建方案，2004 年 8 月，水利部组建了南水北调中线水源有限责任公司。该公司作为南水北调中线水源工程项目法人，在工程建设期负责丹江口大坝加高、丹江口水库征地移民和水源工程运行管理专项三个设计单元的建设管理。2014 年 12 月，中线工程通水后，工程转入建设期运行管理，公司既要继续履行中线水源工程项目法人职责，还须履行好水源工程运行管理的主体责任，保证供水安全、工程安全、库区安全和资产的保值增值。

2. 引黄济青工程

1）工程概况

引黄济青工程是山东省境内一项将黄河水引向青岛的水利工程，是“七五”期间山东省重点工程之一。引黄济青工程建有 253 km 人工衬砌输水明渠和 22 km 暗渠。黄河水在滨州的引黄济青工程的起点进行沉淀，向东南经过东营、潍坊，最后抵达青岛市境内的棘洪滩水库。输水路线全长 291 km。引水渠首设在黄河下游博兴县打渔张险工处，东南行，经宋庄泵站、王耨泵站、亭口泵站、棘洪滩水库、输水管道，达青岛市河东水厂。该工程于 1986 年 4 月 15 日开工兴建，1989 年 11 月 25 日正式通水。共完成投资 9.52 亿元，渠首设计引水流量 45 m^3/s，在保证率 95%的情况下，设计向青岛市供水 30 万 m^3/d。2014 年，由山东省发改委批复同意，山东省引黄济青工程进行改扩建工程，主要是泵站、渠道的改造，还有棘洪滩水库大坝护坡的改造，以提高向青岛输水的能力和效率。从 2015

年开工，分两期实施，一期已完工，二期 2020 年完成竣工验收。设计供水能力将由原来的 30 万 m^3/d 增加至 71.9 万 m^3/d。原来设计供水一年只供三个月，主要是冬季供水。现在，改扩建后，变成常年供水。改扩建引黄济青工程配套设施也成为胶东地区引黄调水工程的一部分，即为保证胶东地区供水，山东省实施了胶东地区引黄调水工程。这是南水北调东线工程中山东"T"字形调水大动脉的重要组成部分，工程自滨州市打渔张引黄闸引取黄河水，途经滨州、东营、潍坊、青岛、烟台、威海 6 市 16 县市区，输水线路总长 482 km，其中利用原有引黄济青工程 172.5 km。工程近期以黄河水为水源，设计年调水量 1.43 亿 m^3，远期在南水北调东线工程建成后，以长江水为水源，设计年调水量 3.83 亿 m^3。2003 年 12 月 19 日，胶东地区引黄调水工程在招远市辛庄泵站工地开工，2014 正式建成通水（青岛日报，2019）。

2）**管理模式**

引黄济青工程实行统一管理与分级负责、专业管理与群众管理相结合的原则。山东省政府设立引黄济青管理委员会，负责协调引黄济青工程管理的重大问题。山东省引黄济青管理委员会的办事机构是引黄济青工程管理局。引黄济青工程管理局负责引黄济青工程的统一管理。其主要职责是：贯彻执行有关工程管理的法律、法规、规章、方针和政策；编制引黄济青工程调水、供水计划和水量分配方案，提交山东省引黄济青管理委员会审核批准后实施；承担山东省引黄济青管理委员会的日常工作；领导所属单位的工程管理、多种经营等工作；编制年度财务收支计划，核定与控制经费收支；依照办法规定行使的其他职权。

引黄济青工程管理分局和管理处，按照山东省引黄济青工程管理局规定的职责分工，负责本单位管辖范围内的工程管理工作。工程管理所是引黄济青工程的基层管理单位，负责工程的日常管理工作。

引黄济青工程的涵、闸、泵站、水库等重要工程，可根据需要设置公安派出所或水政监察队伍。引黄济青工程设置的公安派出所，受省引黄济青工程管理局和当地公安部门双重领导，以当地公安部门领导为主，负责维护工程的治安秩序，确保工程安全运行。

引黄济青工程实行统一调度、分级负责制度。山东省局设立调度中心，负责统一调度运行，分局、处、所服从省调度中心统一调度并按照分工建立值班制度。青岛市每年 9 月 30 日前同省管理局签订供水合同。沿线农业用水由县（市、区）水利局于每年 11 月 5 日前在设计供水量限额内，向管理处（所）书面提出用水计划，沿线用水计划由分局汇总并提出安排意见，于 11 月 10 日前报省管理局。省管理局根据年度用水计划、黄河水利委员会水文局提供的 11 月至次年 6 月份水情预报及天气形势等制订调度运行方案（包括输水量、引水时间及调度步骤等），经专门会议讨论通过，交由调度中心具体负责指挥调度。

引黄济青工程竣工通水以前，工程管理局就与青岛市自来水公司签订了供水协议，规定每年必须按基本水量 3 700 万 m^3 及相应水价缴付基本水费，超购水量计量收费水价从优。这种以基本水费为基础，两部制计价收费的办法，对于保证管理单位基本财务收入维持简单运行及鼓励多用途工程引水很有作用。尽管至今引黄济青工程水价和供水量都没有到位，管理机构年年亏损，但正因采取这种水费收取办法，保证了工程基本水费收入，并能够提留少量折旧费，减少工程管理单位财务亏损，维持工程简单正常运行。

为加强引黄济青工程管理，山东省人民政府于 1989 年 11 月颁布了《山东省引黄济青工程管理试行办法》(修正)，作为引黄济青工程的管理依据，在办法中明确了引黄济青工程的管理原则、管理机构设置、工程管理、供水与水费收取等多方面内容。该办法已经于 2014 年依据《山东省人民政府关于废止和修改部分省政府规章的决定》宣布失效。

3. 引黄入晋工程

1）工程概况

引黄入晋工程（以下简称引黄工程）位于山西西北部，从黄河干流的万家寨水库取水，分别向太原、大同和朔州三个能源基地供水，由总干线、南干线、联接段和北干线 4 部分组成，设计年引水量 12 亿 m^3，引水线路总长 449.8 km。

万家寨引黄工程管理机构负责引黄工程保护的具体工作。引黄工程沿线各级人民政府对本行政区域内的引黄工程保护工作负有重要责任，应当将引黄工程保护工作纳入当地社会治安综合治理的内容。引黄工程沿线县级以上人民政府水利、国土、公安、环保、建设、交通、农业、林业等行政主管部门，按照各自的职责，做好引黄工程的保护工作。

2）管理模式

工程建设和管理单位为山西省万家寨引黄工程管理局，是山西省人民政府直属正厅级建制事业单位。山西省万家寨引黄工程管理局成立于 1994 年 8 月，为引黄工程的项目法人，对工程筹资、建设、运营管理、还贷、资产保值增值全过程负责。下设偏关管理分局、平鲁管理分局、宁武管理分局、山阴管理分局、通信管理分局、供水管理分局、供电管理分局、控制管理分局、工程机电维修试验中心。管理局负责全线的建设和管理，各分局在管理局的统一领导下分别管理各自的生产单位，工程建设期负责各自工程段的建设职责（山西省人民政府，2012)。

(1) 贯彻落实山西省关于万家寨引黄工程的重大决策、部署，执行有关引黄工程建设与运营管理的法律法规。

(2) 负责引黄工程的建设管理；负责工程建设计划安排和建设资金的落实与管理；负责工程建设的组织实施及验收工作。

(3) 负责组织实施工程建设范围内的征地、拆迁、移民补偿和沿线环境保护工作，协调工程建设外部关系。

(4) 负责引黄工程竣工项目的生产运行管理；负责生产计划安排和生产运行资金的落实与管理；负责生产的调度、运行、检修、技改、维护的组织实施。

(5) 负责引黄工程的经营管理；负责引黄水的销售及水市场的开拓；会同调水区地方政府组织配套水厂及供水管网的建设、经营和管理；负责水电、水务相关投资项目建设与管理；代表省人民政府对黄河万家寨水利枢纽有限公司进行监管。

(6) 会同有关部门对引黄工程及配套工程建设所需资金进行筹措、管理和使用。

（7）参与研究制定引黄工程供水政策与法规。

（8）会同环境部门对工程沿线的水环境及供水水质进行监督管理。

（9）会同公安部门对引黄工程设施进行保护及治安保卫。

为确保引黄工程安全正常运行，山西省人大颁布了《山西省万家寨引黄工程保护条例》（2005 年），明确了引黄工程的管理机构设置及权限划分，并对水库管理范围和工程管理范围内的禁止性行为和限制性行为做了详细规范。

4. 黑河引水工程

1）工程概况

黑河引水工程是一项跨流域引水、综合利用的大型水利工程。工程是以西安市城市供水为主，兼有农业灌溉、发电、防洪等综合效益。黑河引水工程由黑河金盆水库枢纽工程、城市输水工程、净水厂工程、城市配水管网工程及农灌工程 5 大部分组成。已建成运行的黑河引水工程是向西安市城市供水的生命线工程。

该工程以黑河水库为主要水源，以石头河水库为补充水源，石砭峪水库作为备用水源，最远引水距离 143 km，每年可向城区供水 4 亿 m^3，最大日供水 110 万 t，占城区总供水量的 70%，对缓解西安市城市供水紧张状况发挥了巨大作用。

2）管理模式

为合理利用黑河水资源和协调用水矛盾，经国务院批准，水利部于 1997 年发布了黑河干流水量分配方案。2000 年水利部颁布了《黑河干流水量调度管理暂行办法》（水资源〔2000〕221 号）（以下简称《暂行办法》），对黑河干流水量实施统一调度。2001 年国务院批复了黑河流域近期治理规划。《暂行办法》的实施，对于维护黑河水量调度秩序，保障国务院批准的水量分配方案的完成，发挥了重要作用。但是，随着黑河流域治理规划的实施、流域来水用水情况的变化和水量调度的逐步深入，黑河水量调度出现了一些新情况、新问题，《暂行办法》已难以满足工作需要。为此，水利部在系统总结黑河水量调度经验的基础上，于 2009 年制定了《黑河干流水量调度管理办法》，确立了黑河干流水量调度的管理体制。明确了水利部、黄河水利委员会及所属黑河流域管理局、流域内青海省、甘肃省和内蒙古自治区地方人民政府及水行政主管部门、水库和水电站主管部门或者单位的管理职责，解决了过去黑河水量调度体制不顺、责权不清的问题。

黑河流域管理局会同甘肃省、内蒙古自治区水利厅，经过充分协商，共同制定了《黑河干流省际用水水事协调规约》（以下简称《规约》）。《规约》要求成立水事协调小组，小组成员实行代表制，首席代表是各方水量调度的全权代表。协调规约对代表的组成、任命及协调会议的组织形式做了明确的规定，使省际用水的水事协调工作有了基本的行为规范。黑河引水工程实行明确的责任制度。流域管理机构负责编制流域水量调度方案，组织协调省际水量调度；负责组织流域内重要水文控制站的监督工作，及时发布水情信息；监督检查水量调度方案的执行情况。地方政府及有关部门按照国务院分水方案要求，甘肃省、内蒙古自治区要依据上级主管部门批准的《年度水量调度方案》，负责编制本省区黑河干流调度方案实施意见，健全组织机构，落实地方政府责任制，确保调度任务的全面完成。

此外，黑河引水工程还规定了具体的调度措施，如坚持电调服从水调的原则，龙渠电站不得超过设计引水流量。在调水期间，龙首电站、龙渠电站应将调度计划（水调部分）及与水量调度相关的资料报送黑河流域管理局；下游各引水口门和额济纳旗各河段要严格执行调度计划，在“全线闭口，集中下泄”调水期间，不经流域管理机构批准不得擅自引水。

为规范黑河供水系统设施、设备的安全运行，保护黑河供水系统各水源地的水源环境，保证安全、稳定、长效向西安城市供水提供法律依据，陕西省人民政府颁布《西安市黑河引水系统保护条例》（2016 年修订）对黑河系统的引水、蓄水设施保护，水源保护、监督管理、不同级别保护区内的禁止行为及其处罚做了明确规定。该条例已于 2018 年进行了修订，在条例中明确了西安市水务局是黑河引水系统保护的行政主管部门。黑河供水工程管理机构具体负责管区范围内黑河引水系统保护的日常工作。生态环境、公安、交通、国土资源、农林、旅游、卫生计生等行政管理部门，按照各自职责，协同做好黑河引水系统的保护工作。黑河引水系统所在地的区、县人民政府协助辖区内黑河引水系统的保护工作。

5. 东深供水工程

东深供水工程，全称东江—深圳供水工程，这是一项从珠江支流即东江引水，经 9 座提水泵站逐级送水至深圳水库，然后用管道送水至香港特别行政区（以下简称香港）的调水工程。东深供水工程是一座以供应香港原水为主要目标，同时也担负深圳市和东莞市沿线乡镇原水供应的跨流域大型引水工程。自 1964 年动工以来，已经多次扩建。东深供水工程北起东江、南到深圳河，输水线路全长 68 km，设计流量 100 m^3/s，设计供水保证率为 99%，年供水能力 24.23 亿 m^3（李健辉，2005）。自工程建设运行以来为香港的繁荣稳定及深圳市和东莞市的加速发展做出了重要贡献，被誉为“生命水、政治水、经济水”。

1）工程概况

工程设施包括 61 km 专用输水管道（输水管道形式包括明槽、渡槽、隧洞、箱涵、反虹涵等）、6 座泵站、2 座调节水库、1 座生物硝化站。东江水经太园、莲湖、金湖、旗岭 4 级泵站提水送至深圳水库，再经 3.5 km 埋在地下的输水管道从深圳水库自流进入香港。2000 年 8 月，经国家计划委员会批准，东深供水工程注入广东省属国有企业粤海集团属下的香港上市公司粤海投资有限公司，并经国家外经贸部批准在深圳成立广东粤港供水有限公司（以下简称粤港供水公司）。广东省人民政府授予粤港供水公司 30 年东深供水工程特许经营权。根据广东省政府与粤港供水公司签订的《特许权协议》，粤港供水公司作为香港上市公司下属的中外合作企业，有完善的公司治理结构。公司设董事会、经营班子，同时成立公司党委和工会。生产运行管理方面，公司实行公司、部、站（室）三级管理。下设调度中心、生产技术部、计财部等 9 个机关职能部门，桥头、塘厦、雁田、深圳供水管理部 4 个基层管理部和维修部，太园、金湖等 9 个站，员工总人数约 600 人。

东深供水工程分别于 1974 年、1981 年、1990 年、2000 年进行了 4 期改造扩建，年供水能力达到 24.23 亿 m^3。自工程建成以来不断扩大对香港供水，东深供水工程从最初的每年对港供水 0.68 亿 m^3 上升到目前 8.2 亿 m^3 左右（中国大百科全书编委会，2006），已成为香港的主要水源。

为保障对港供水质量，1998 年，广东省人民政府投入 2.8 亿元，在深圳水库入库口建成世界上最大、日处理 400 万 t 的生物硝化站。生物硝化站是为改善和保障东深供水水质建设的大型净水工程。工程于 1998 年 1 月 5 日正式开工，1998 年 12 月 28 日建成并投入使用，设计日处理水量 400 万 m^3，规模为目前世界上同类工程之最。从东江引来的水，全部经过生物硝化站过滤、净化后再进入深圳水库，通过深圳水库再输往香港。生物硝化站共有 6 条水体净化通道，每条通道有 14 万条生物填充料，水体经过填充料时，75%以上的氨氮和有机物将被吸收（广东省水利厅，2015）。

深圳水库是东深供水工程的最后一站，是向香港、深圳供水的调节水库。为了保护水库水质，广东省人民政府划定深圳水库为水源保护区，一级保护区面积 7.40 km^2，二级保护区面积 51.58 km^2，保护区禁止一切污染项目建设。水库实行全封闭式管理，安装隔离围网、围墙，行人不能直接接触水体。

东深供水工程对香港供水水价，除考虑国内水价成本因素外，还考虑工程投资资金利润率、水资源费、水质保护费、香港货币通胀率和物价上涨指数等。供水水价每三年谈判一次，根据上述指标确定出水价逐年浮动比率。对于深圳市供水水价则根据当地具体情况确定，形成境内境外、工业农业、城市农村多种价格的特点，既符合国际惯例和市场经济规律，又确保了供水企业财务收入（李健辉，2005）。

2）管理模式

在竣工初期，粤港供水公司已制定了水文水利总则、水库运行调度、梯级抽水站联合调度，抽水站操作运行、水电站运行操作、变电站运行操作等一系列运行规程及机电设备修理规程等。

每年年底，粤港供水公司编制第二年的取水计划报广东省东江流域管理局批准，同时与深圳市水务部门研究制订年供水计划；每月下旬，公司与香港方协商确定下月的日供水计划，深圳市与东莞市客户函报下月供水计划。

调度中心根据批准的《取水计划申请审批表》和商定的年、月供水计划，编制公司年、月的供水运行、供电运行、发电、检修、动力成本等计划。根据月供水计划，结合水库水位、天气变化、来水水质、设备设施检修状况等因素，调度中心每日制订调度方案，即各级泵站日控制运行方式。调度方案在优先考虑水量、水质保障的前提下，充分利用水库的调节库容和峰谷电价价差，制订峰谷优化调度方案，节约抽水耗电费用。

为规范东深供水工程的运行工作，公司制定了《调度规程》《泵站运行操作规程》等企业标准，规定了泵站机组、沿线控制闸及电力设备的运行、监控、维护要求。正常情况下，各泵站均处于远控模式，调度值班员根据批准的调度方案直接在调度中心操作泵站泵组及其他主要设备，泵站运行值班员负责泵站设备的巡视检查。特殊情况下，控制权限切至泵站，由泵站值班员根据调度指令进行相应操作。设备操作时，严格按操作规程和调度指令运行，按操作票操作，操作有监护，调度及泵站建立相应的调度指令记录。

粤港供水公司完全实行企业化管理，自主经营，自负盈亏。财务上实行全面预算管理，所有开支严格按照集团董事会批复的年度预算执行，不随意更改计划，不挪用已下达的计划资金。每月提交预算分析报告，对各项费用执行情况做具体分析，保证所有开支严格按照计划执行。公司在编制年度预算时根据工程维护需要安排足够的维修养护经费，以保证工程安全运行。

深圳市、东莞市沿线水价严格按照广东省物价局批准的水价文件执行，香港供水价格按照广东省政府与香港政府签订的《关于从东江取水供给香港、九龙的协议》执行。粤港供水公司与所有客户签订供水协议（合同），明确水价、水量、水费缴纳等条款，并严格按照协议收取水费。深圳市、东莞市的供水协议与当地用水客户签订，香港供水协议与香港政府签订。

粤港供水公司制定了《客户管理办法》《供水计量管理办法》《供水计量仪表运行维护使用手册》等供水管理制度，规范了水量计量和水费收取。供水计量采用文丘里管和电子流量计等，每年对供水计量仪表进行校验，保证计量准确。对香港供水计量，双方分别计量，每月对数一次，无异议时取平均数为当月实际供水量。对深圳市、东莞市客户供水计量以计量仪表读数为准，计量间双方共管。

广东省人民政府颁布了一系列条例、规定和管理办法，包括《广东省东江水系水质保护条例》（2002 年颁布，2018 年修订）、《东深供水工程饮用水源水质保护规定》（1991 年）、《广东省水利厅条例》（2014 年修订）、《广东省东深供水工程管理办法》（2014 年生效，2018 年修订）等 14 个政府文件。其中《广东省东深供水工程管理办法》关于东深供水工程运营管理，企业与政府的主要职责分工为：广东省、市水行政主管部门负责东深供水工程的水行政管理工作；广东省生态环境主管部门负责东深供水工程和东江流域水污染防治的统一监督管理工作；工程沿线各级人民政府，依法做好东深供水工程及水质的保护和管理工作；省政府通过下属部门与香港政府谈判，达成“香港供水协议”，明确年度供水量与水价；省物价部门按成本加适当利润原则核定深圳、东莞供水的水价；深圳市公安局东深公安分局负责工程管理和保护范围内危害东深供水工程安全或者污染水体治安案件的调查和处理，属东莞市行政区域内的，会同当地公安机关进行调查处理。

东深供水工程管理单位负责东深供水工程的管理工作，其主要职责如下。

（1）管理东深供水工程，保障工程正常运行。

（2）按照供水协议优先向香港供水，按照经批准的水量分配方案和供水计划向深圳市、东莞市供水，保障供水安全。

（3）按照省防汛指挥机构和深圳市、东莞市防汛指挥机构的指令，做好雁田水库、深圳水库的防洪调度工作。

（4）做好东深供水工程的水质监测工作。

为了确保供水水源和水质，广东省专门成立专职管理保护机构：广东省环境保护厅环境监察局东江分局、广东省水利厅东江流域管理局、深圳市东江水源保护办公室、深圳市公安局东深分局。粤港供水公司作为管理单位，政府负责，管理单位协作，齐抓共管。管理单位每天有人员对库区围网内范围进行巡查，同时对一级保护区范围进行巡查，发现围网内问题及时处置，同时对二级保护区内影响水质的问题反馈相关地方政府进行处置。

6. 江水北调工程

1）工程概况

江水北调工程是一项立足于长江流域，实现江淮沂沭泗统一调度、综合治理、综合利用的工程。江水北调工程的主要任务是以长江水补充淮沂沭泗水水量不足和协调来水与需水在时空分布上的矛盾，为苏北地区工农业生产、城市生活、航运和生态提供水源，并承担苏北地区部分泄洪排涝任务。该工程从江苏省扬州市江都区的江都站抽引长江水，经 10 级提水泵站及洪泽湖、骆马湖的调蓄北送至徐州地区，全长 400 多千米。江水北调工程自 1961 年扬州市江都区抽水站建设开始，形成了目前多级提水、多库调节、江淮沂沭泗多水源互济，以灌溉、排涝、通航、盐碱土改良、滩涂开发等多方面的综合利用、综合治理的供水与排涝相结合的跨流域调水资源供给系统。该系统作为南水北调东线水资源系统的重要子系统，占南水北调输水线路总长的 1/3。

2）管理模式

江水北调骨干工程，管理体制上实行分级管理，江苏省管控制枢纽，河道和灌区分别由市、县管理，形成按供水系统的统一管理和经营。由江苏省派出的江都枢纽管理处、灌溉总渠管理处、三河闸管理处、淮沭新河管理处和骆运河水利工程管理处 5 个部门负责管理。

次一级工程原则上由市、县管理，灌区工程（包括灌区取水口门和干渠、支渠口门）设立灌区管理所管理，管理情况视不同市、县和灌区而不同。在机制上，江苏江水北调沿线泵站所设管理处都是事业单位，由省财政支付运行、管理费和维修、改造经费（黄海田等，2002）。基本上还是把江水北调视为纯粹的公益性事业，不符合该工程发展所应遵循的经济规律。

江水北调各级泵站和省属水利枢纽，包括灌溉总渠、淮沭新河送水，均由江苏省防汛抗旱指挥部或水利厅统一调度，徐州市境内各站，由该市负责日常调度管理。在控制调度上，实施供水工程的群体配合，多水源、多渠道统一调度，联合运行。充分发挥河网调蓄功能，合理利用本地径流和回归水，实施流域、地区间水量的互相调度、调节，发挥多条引水线的互补作用。

江水北调工程实行其他财政收入补水利，适当提高苏南水价，苏南补苏北的政策。目前江水北调主要工程管理单位部分行政管理费和维修费由国家拨付，北调工程每年 1 亿多元抽水电费也全部由财政补贴。在向农民收取的现行水价中，仅计入了维持工程简单运行的管理、维护费用，而未包含水资源费、机电排灌电费和工程折旧等费用，从而使水价保持在农民可以承受范围内，切实减轻了农民负担。如果对灌区用水按总成本水价收取水费，则水价将比现行水价高出十多倍，农民难以承受，既不可行也不可取。

江水北调工程经过几十年的运行管理实践，较好保障了江苏省苏中及苏北地区防洪排涝、农业灌溉、抗旱调水、城市供水、交通航运需求，较好解决了工业与农业生产、城乡生活、生态与环境用水问题。据统计，江都水利枢纽累计投入抗旱、灌溉等抽引江水 1 361.13 亿 m^3；沿线各级泵站排涝 400 亿 m^3，为江苏省苏北经济社会的快速发展提供了重要保障，已成为苏北全面小康、加快现代化建设的重要支撑。2013 年以来江水北调工程和南水北调新建工程联合运行，截至 2016 年 5 月，通过江水北调工程和南水北调新建工程联合运行，累计调水出省 12 亿 m^3，相当于 2 个骆马湖的正常需水量，有效地缓解了我国北方地区的缺水状况（江苏省水利厅，2013）。在法律规范方面，南水北调东线工程是在江北调水工程基础上扩大规模、向北延伸建成的，因而适用于《南水北调工程供用水管理条例》。

7. 引滦入津工程

1）工程概况

引滦入津工程是河北省境内的滦河水跨流域引入天津市的城市供水工程，引滦入津工程的源头为潘家口水库，工程总干渠的引水枢纽工程为引滦入津工程的起点，穿越分水岭之后，沿河北省遵化市境内的黎河进入天津市境内的于桥水库调蓄，再沿州河、蓟运河南下，进入专用输水明渠，经提升、加压由明渠输入海河，再由暗涵、钢管输入芥园、凌庄、新开河 3 个水厂，引水线路全长 234 km。引滦入津工程自 1983 年 9 月 11 日通水以来，有效地解决了天津市的用水危机。

2）管理模式

引滦入津工程管理采取海河水利委员会和地方分级管理的模式。海河水利委员会下设引滦工程管理局，负责潘家口水库、大黑汀水库和分水闸的管理。天津市设引滦工程管理局，负责分水闸出口以下引滦入津工程管理，其下属有隧洞、黎河、潮白河、尔王庄、宜兴埠、于桥水库 6 个管理处。河北省水利厅在唐山市设立引滦入唐工程管理局，负责分水闸出口以下引滦入唐工程管理，其下属有邱庄水库、引滦入还（还乡河)、引还入陡（陡河）3 个管理处及南观电灌站。陡河水库及滦河下游灌区由唐山市管理。引滦工程管理的主要任务是：负责滦河水量调配，向天津市和唐山市供水及收缴水费，兼顾防洪、灌溉并结合供水发电。

引滦入津工程管理局的职责如下。

（1）组织拟定管辖范围内水利发展规划，负责相关规划的监督实施；根据授权，负责水利工程规划同意书制度的论证工作；根据授权，负责开展直属水利工程及单位基础设施项目前期工作，负责编报建设项目年度投资计划并组织实施；承担有关水利综合统计工作；协助移民管理有关工作。

（2）负责管辖范围内水资源的管理和监督。按照规定和授权，组织编制年度水量调度计划和应急水量调度预案并组织实施；按照规定和授权，负责取水许可监督管理等工作。

（3）负责管辖范围内水资源保护工作。参与拟定水资源保护规划、水功能区划并监督实施；负责水功能区监督管理工作；负责入河排污口监测和水功能区纳污总量监督工作；负责水质监测和水质站网的建设和管理工作；负责直管水源地保护工作。

（4）负责管辖范围内的防汛抗旱工作。负责管辖工程洪水预报方案和防洪抢险预案的编制；按照规定或授权，对管辖工程实施防汛抗旱调度和应急水量调度；按照规定，负责管辖范围内水利突发公共事件的应急管理工作。

（5）负责管辖范围内水文工作。负责水文水资源监测和水文站网建设和管理工作；负责水文情报预报工作。

（6）按照规定或授权，负责引滦枢纽工程的运行管理及相关工程建设管理工作。负责授权河道管理范围内建设项目的监督管理；协助开展水利建设市场监督管理工作。

（7）负责《中华人民共和国水法》（2016 年，以下简称《水法》）《中华人民共和国防洪法》（2016 年，以下简称《防洪法》）等法律、法规及流域性水利政策的实施和监督检查。负责职权范围内水政监察和水行政执法工作，查处水事违法行为。负责管辖范围内水利安全生产工作。

（8）负责授权范围内国有资产的运营或监督管理。研究提出直管工程供水价格、上网电价调整建议，指导监督收费工作。

（9）按照“以水定电”的原则，承担发电和事故备用任务。

（10）承担所在地的生活后勤保障工作。

在引滦入津多年管理考核过程中，引滦入津工程管理局逐渐摸索总结出一套切合引滦实际的管理标准体系和制度体系。编辑出版了《引水工程管理标准》《引水工程管理考核办法及评分标准》《岗位管理》《标准管理》《制度管理》《流程管理》《绩效管理》等工程现代化管理系列丛书，从管理流程、岗位、制度、标准、考核等方面为精细化、规范化管理奠定了坚实基础。并投资建立了引滦入津工程管理信息系统，首次在全国引供水工程中引入管理咨询，对业务流程进行抽取、优化，并以这些流程为基础，成功建设了信息系统，实现了引供水工程流程化、规范化、科学化管理。首个在国内引供水工程中实现工程设施设备实时在线安全评价。结合引滦入津工程多年的管理运行经验，建立引滦入津工程全线优化调度数学模型，实现了引滦入津工程全线优化调度。

引滦入津工程水量调度采用按水文年度计划调度供水方式，制订计划、按需供水，分为枯水期调度和汛期调度两部分。汛后 10 月份，天津市和河北省根据两省市用水计划，编制年度水量分配意见，报上级部门批准实施。汛前 6 月份，天津市引滦局向海河水利委员会引滦局报送汛期引水计划，由海河水利委员会引滦局校准并安排实施。在遇特枯水年份，水库蓄水量满足不了两省市需水要求时，水量分配、调度由海河水利委员会统一协调。

在法律法规保障方面，2002年天津市人大颁布《天津市引滦水源污染防治管理条例》，规范本行政区域内引滦水源保护区的管理职责、水源保护区的划分及不同水源保护区的禁止性行为规定，同时明晰了水污染防治多部门职责。2019年开始实施的《天津市生态环境保护条例》第三十二条，对于引滦入津工程的水质保障做了专门规定：优先保护饮用水水源，加强对引滦入津、南水北调及其他水源保护，按照国家有关规定划定饮用水水源保护区，实施水源地生态修复，确保饮用水安全。这提升了区域联防联控的法律地位。为落实京津冀协同发展重大国家战略，明确污染防治联动协作机制，定期协商重大事项，开展联合检查、联动执法；明确跨区域、跨流域生态保护补偿机制，共同推进区域协调发展。

8. 引江济太工程

1）工程概况

引江济太调水试验是一项跨地区、跨部门的综合性系统工程。引江济太为钱塘江太湖流域引水及航运综合工程。这个工程针对太湖流域水质持续恶化的现状，提出了钱塘江太湖流域引水及航运综合工程，解决浙北城乡供水的困境。引江济太工程主要由常熟水利枢纽、望虞河、望亭水利枢纽及太浦闸构成，望虞河全长约60.3 km，引江常熟枢纽泵站设计流量180 m^3/s，节制闸设计流量375 m^3/s，校核流量750 m^3/s。引江济太工程调水规模根据水利部批复《太湖流域引江济太调度方案》和太湖流域需水水量调度计划进行调度运用。

2）管理模式

在调水试验期间，成立了太湖流域引江济太调水试验领导小组，由水利部、原国家防汛抗旱总指挥部办公室（以下简称国家防总办）、水利部太湖流域管理局（以下简称太湖局）、江苏省水利厅、浙江省水利厅和上海市水务局的负责人组成。领导小组负责监督、协调引江济太调水试验方案的具体实施，负责对引江济太实施中的水量分配、地区利益调整等重大技术和经济问题进行协商和决策。领导小组下设太湖流域引江济太办公室，设在太湖局，按照批准的引江济太调水试验方案，对工程实行统一调度，组织对引江济太水量水质进行常规监测和同步监测、分析，组织开展引江济太专题研究，承担引江济太调水试验技术分析报告和日常事务。

水利工程调度是引江济太中的重要环节，是体现调水经济效益、社会效益、生态效益的一项关键性工作。按照水利工程分级管理的原则，太湖局负责常熟水利枢纽、望亭水利枢纽、太浦闸的调度运行，其他各水利工程的调度由相应省市防汛抗旱指挥部按照引江济太调水试验方案具体负责。在法律规范方面，引江济太工程适用于《太湖流域管理条例》。该条例在第十六条规定，太湖流域管理机构应当商两省一市人民政府水行政主管部门，根据太湖流域综合规划制订水资源调度方案，报国务院水行政主管部门批准后组织两省一市人民政府水行政主管部门统一实施。水资源调度方案批准前，太湖流域水资源调度按照国务院水行政主管部门批准的引江济太调度方案及有关年度调度计划执行。

2.2.2　在建或规划中的跨流域调水工程

1. 滇中引水工程

1）工程概况

滇中引水工程是解决滇中地区严重缺水问题的特大型跨流域调水工程，工程以解决滇中地区的城镇生活及工业用水为主，兼顾农业和生态。工程对促进滇中地区社会经济可持续发展、生态环境改善和社会稳定有着举足轻重的作用，是云南省大型水利工程。滇中引水工程受水区包括大理、丽江、楚雄、昆明、玉溪、红河 6 个州（市）的 35 个县（市、区），面积 3.69 万 m^2。工程多年平均引水量 34.03 亿 m^3，其中城市生活、工业供水 22.31 亿 m^3,农业灌溉供水 5.00 亿 m^3，湖泊生态补水 6.72 亿 m^3。受水区内现状人口超过 1 000 万人；工程建成后新增灌溉面积 49.2 万亩①，改善灌溉面积 63.6 万亩②。

滇中引水工程主要由水源主体工程和输水总干渠工程两大部分组成。其中，水源主体工程将从金沙江石鼓河段大同取水口，采用一级地下泵站提水，年引水量为 34.03 亿 m^3；输水总干渠经香炉山隧洞、洱海东岸长育村、楚雄万家、昆明新庄、玉溪杞麓湖西岸至红河新坡背，沿途向丽江、大理、楚雄、昆明、玉溪、红河受水区分水，线路总长为 664 km（经济日报，2019）。石鼓水源工程是滇中引水工程的首要组成部分，作为滇中引水工程的水源担负着金沙江取水向大理、丽江、楚雄、昆明、玉溪和红河等城市的城镇生活、工业和农业灌溉供水，并向滇池、杞麓湖、异龙湖等湖泊的生态补水任务。滇中引水工程受水区共涉及输水总干渠沿线六州（市）35 个县（市、区）的 34 个受水小区，受益面积 3.69 万 km^2，惠及人口 1112 万。工程静态总投资为 748.85 亿元，动态总投资 780.48 亿元，施工总工期 96 个月（光明网，2017）。作为国家 172 项重大节水供水水利工程之一，云南滇中引水工程已进入全面建设新阶段。数据显示，截至 2018 年 12 月 31 日，工程累计完成投资 50.17 亿元；5 项主体工程标，有 23 个工作面已动工，占全部工作面的 88.46%。

滇中引水工程受水区内有昆明、大理、楚雄、玉溪和蒙自等经济快速增长城市、昆湖经济带、昆河经济带、滇南重镇蒙开个城市群，是滇中地区乃至云南省社会经济发展的核心区，也是长江流域三大干旱区之一，目前人均占有水资源量仅为 700 m^3 左右，大大低于人均水资源量 1 700 m^3 的警戒线，特别是滇池流域仅为 166 m^3，处于极度缺水状况。仅在 1950 至 2014 年间，滇中发生严重干旱灾害的年份就有 20 余年，且干旱发生的持续时间越来越长、造成损失越来越重。滇中地区主要分布在金沙江、澜沧江、红河、南盘江四大水系的分水岭地带，水资源量相对匮乏，旱灾频繁，高原湖泊生态环境亟须改善。目前区内水资源开发利用率已达 47%，受地形条件限制，进一步开发利用困难，经济社会发展受到严重影响。随着云南省实施建设面向西南开放重要桥头堡战略和推进全面建成小康社会，滇中地区水资源供需矛盾将进一步加剧。

水资源极度匮乏已成为滇中地区可持续发展的最大制约瓶颈，滇中人民对水资源的

① 1 亩=666.67 m^2。

② 长江勘测规划设计研究有限责任公司, 2015. 滇中引水工程可行性研究报告[R].

需求愈加迫切和强烈。资源性缺水与工程性缺水并存。近年来，水资源短缺已成为制约该地区乃至云南经济社会发展的瓶颈。为解决滇中地区严重缺水问题，国务院批复修建特大型跨流域调水工程——滇中引水工程。自 2003 年成立滇中引水工程前期工作领导小组及办公室以来，经过 14 年的规划论证和反复比选，滇中引水工程可行性研究报告于 2017 年 4 月获得批复。

滇中引水工程以城镇生活和工业供水为主，兼顾农业和生态。滇中引水工程的供水目标：在充分节水、挖潜的前提下，受水区城镇生活、工业供水保证率达到 95%，农业灌溉年保证率达到 75%。工程年均引水量 34.03 亿 m^3，其中供给城镇生活和工业 22.31 亿 m^3，供给农业灌溉 5.0 亿 m^3。同时，工程还将向滇池、杞麓湖、异龙湖补充生态环境用水量分别为 5.62 亿 m^3、0.7 亿 m^3、0.4 亿 m^3（人民网，2017）。

2）管理模式

按照政府主导、市场运作、统筹兼顾、利益协调、发挥优势、形成合力、建管结合、良性运行的原则，滇中引水工程建设管理体制分为 5 个层次：一是决策层；二是项目法人单位；三是投融资平台；四是有关州市配套工程建设管理机构；五是监督机构。

目前，云南省政府已批准组建云南省滇中引水工程建设管理领导小组办公室（云南省滇中引水工程建设管理局）。内设机构包括综合处、计划财务处、建设管理处、商务合同处、工程技术处、机电设备处、质量安全处、环境与征地移民处、人事处、审计稽察处 10 个处（正处级）；直属单位包括调度中心、丽江分局、大理分局、楚雄分局、昆明分局、玉溪分局、红河分局 7 个（正处级）。为便于工程调度运行，设滇中引水工程运行调度中心。

建设管理单位框架见图 2.1。

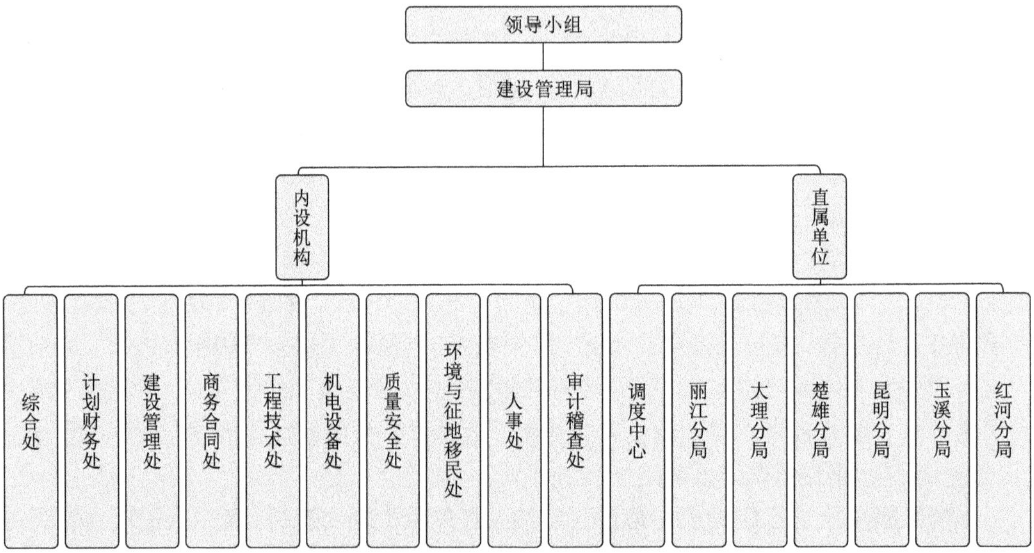

图 2.1 建设管理单位框架

2. 引江济淮工程

引江济淮工程是一项跨越长江、淮河流域调水、润泽皖豫两省的重大水资源配置工程。该工程是一项以城乡供水和发展江淮航运为主，结合灌溉补水和改善巢湖及淮河水生态环境为主要任务的大型跨流域调水工程。该工程于 2016 年 12 月开工建设，自南向北分为引江济巢、江淮沟通、江水北送三段，输水线路总长 723 km，其中新开河渠 88.7 km、利用现有河湖 311.6 km、疏浚扩挖 215.6 km、压力管道 107.1 km。引江济淮工程供水范围涵盖安徽省 12 市和河南省 2 市，共 55 个区县。其中，安徽省有亳州、阜阳、宿州、淮北、蚌埠、淮南、滁州、铜陵、合肥、马鞍山、芜湖、安庆 12 个市 46 个县（市、区），河南省有周口、商丘 2 个市 9 个县（市、区），涉及面积约 7.06 万 km^2。工程估算总投资 912.71 亿元，总工期 72 个月。

引江济淮工程在受水区域内水资源总量少，人均水资源量占河南省人均水资源量的 1/3～1/2，占全国人均水资源量的 1/13～1/6，属于水资源贫乏地区（吴光辉　等，2018）。受自然条件影响，受水区区域内河流多属季节性河流，地表径流少，取用水工程条件差，保证程度低，有限的引黄调水水量覆盖区域有限，经济社会用水多依赖地下水，水源结构单一脆弱，区域地下水超采现象普遍，且超采量也呈逐年增加的趋势，开采深井集中、开采层位集中、开采时间集中的“三集中”现象十分突出，导致了地下水位的大幅度下降，现有取水工程能力不足，形成年年新开取水井工程的恶性循环，也因此带来了地面沉降、地下水漏斗、水质恶化等一系列生态与地质环境问题。水资源短缺已经成为受水区经济社会可持续发展的“瓶颈”，亟须尽快实施跨流域的调水工程，缓解供用水矛盾。

3. 鄂北地区水资源配置工程

1）工程概况

湖北省鄂北地区水资源配置工程是解决鄂北地区干旱缺水问题的一项大型水资源配置工程，工程从丹江口水库清泉沟隧洞进口引水，输水线路工程穿越襄阳市的老河口市、襄州区、枣阳市，随州市的随县、曾都区、广水市，终点孝感市的大悟县，工程向沿线城乡生活、工业和唐东地区农业供水，线路全长 269.67 km。由取水建筑物、输水明渠、暗涵、隧洞、倒虹吸、渡槽、节制闸、分水闸、检修闸、退水闸、排洪建筑物及王家冲水库扩建工程等组成，工程全线自流引水，年均引水 7.7 亿 m^3，利用受水区 36 座水库进行联合调度，设 24 处分水口，设计供水人口 482 万人，灌溉面积 363.5 万亩。总投资 180.57 亿元，总工期 45 个月（鄂北地区水资源配置工程建设与管理局，2019）。

鄂北地区位于湖北省北部，泛指武当山、大洪山和桐柏山、双峰山之间的区域。行政区划涉及襄阳市的老河口市、樊城区、襄州区、枣阳市，随州市的随县、曾都区、广水市，以及孝感市的大悟县，是湖北省人口、耕地相对集中的区域，是保障粮食安全的重点地区。区内主要水系有汉江、唐白河和府澴河，分属唐白河流域下游和府澴河流域上游。唐白河地区属南阳盆地南缘，为岗垄相间、波状起伏的岗地地貌，东高西低，地势较平缓，适宜耕作；府澴河流域上游地处大洪山和桐柏山之间，地势北高南低，多为丘陵山地。为彻底解决鄂北地区干旱缺水问题,鄂北水资源配置工程任务以城乡生活、工业供水和唐东地区农业供水为主,通过退还被城市挤占的农业灌溉和生态用水量,改善该地区的农业灌溉和生态环境用水条件。

鄂北水资源配置工程受水区为唐东地区、随州府澴河北区和大悟澴水区,受水区面积1.02万km^2;行政区划涉及襄州区、枣阳市、随县、曾都区、广水市和大悟县6个县(市、区)。鄂北地区水资源配置工程建筑物线路长,管理要求高,受水区涉及襄阳市、随州市和孝感市的6县(市、区),为保证工程良性运行,拟成立鄂北地区水资源配置工程建设管理局对受水区进行统一的输配水调度。

为保障唐西引丹灌区的工程效益,综合考虑各行业用水要求,同时充分利用封江口在线调节水库,清泉沟进水口引水后按供水顺序进行水量调配:①优先满足唐西引丹灌区生活用水;②引水补充鄂北受水区封江口水库之前供水单元生活用水;③向鄂北受水区封江口水库及其后供水单元生活用水;④唐西引丹灌区工业、农业灌溉用水;⑤鄂北受水区封江口水库之前供水单元工业用水;⑥补充封江口水库及其后供水单元工业用水;⑦补充唐东地区农业灌溉[①]。

2)管理模式

鄂北地区水资源配置工程专门成立的鄂北地区水资源配置工程建设与管理局(筹)(以下简称鄂北局),是湖北省水利厅的直属单位。具体承担的职责包括8个方面。①承担鄂北地区水资源配置工程指挥部办公室日常工作,负责督促落实指挥部相关决定事项。②负责组织开展鄂北地区水资源配置工程前期工作,申请国家有关部委和湖北省有关部门审批立项,建设资金的筹措和使用管理工作。③负责组织鄂北地区水资源配置工程建设,解决工程建设中的重大问题。组织相关单位开展工程设计、招标、施工、监理、验收等工作。④负责工程建设计划和投资计划的落实、工程建设质量与进度、度汛、安全和资金等方面的管理。⑤协调工程建设外部环境等。⑥组织协调征地拆迁和移民安置工作,组织落实鄂北地区水资源配置工程征地拆迁和移民安置工程建设,协调开展文物保护工作。⑦负责鄂北地区水资源配置工程调度运行管理。负责水源保护、工程运行维护、贷款偿还、资产保值增值、水费计收、水量调度、水质监测、防汛抗旱工作等。⑧协调参与鄂北地区水资源统筹调度与管理,配合做好鄂北地区防汛抗旱减灾工作等(湖北省水利厅,2019)。

4. 引汉济渭工程

1)工程概况

引汉济渭为陕西省的"南水北调"工程。该工程是将长江流域最大支流汉江的水引入黄河流域最大支流渭河,即从汉江上游取水穿越秦岭供水渭河关中地区,在汉江干流黄金峡和支流子午河分别修建黄金峡水利枢纽和三河口水利枢纽蓄水,通过秦岭输水隧洞

① 长江勘测规划设计研究有限责任公司,2015. 湖北省鄂北地区水资源配置工程水资源论证报告[R].

引水到关中地区。陕西省渭河流域、关中地区、西安市周边属严重缺水地区，20 世纪 80 年代，陕西省政府就提出了引汉济渭调水工程方案。通过数十年的前期工作，提出了《陕西省引汉济渭工程项目建议书》，并获得国家发改委的批复（发改农经〔2011〕1559 号文），明确“工程规划近期多年平均调水量 10 亿 m^3，远期在南水北调中线后续水源工程建成后，多年平均调水量 15 亿 m^3。”

工程供水对象为关中地区的西安、宝鸡、咸阳、渭南、杨陵 5 个重点城市和兴平、武功等 13 个县级城市及沿线 8 个重要工业园区的城市生活和工业用水。近期（2020 年）计划从汉江引水 10 亿 m^3，远期（2030 年）调水可在从长江干流补水或其他可能的补水方案实施后，扩大至 15 亿 m^3（陕西省引汉济渭工程建设有限公司，2014）。引汉济渭工程黄金峡水库最小下泄流量为 38 m^3/s；三河口水库最小下泄流量为 2.71 m^3/s。生态敏感期，尤其是鱼类产卵繁殖期间，黄金峡水库通过生态调度，使下泄流量保证有两次持续涨水过程，每次水位日上涨 0.3 m，上涨持续 5 天。第 1 次在 5~6 月，流量从 160 m^3/s 逐步上升到 450 m^3/s；第 2 次在 7 月，流量从 450 m^3/s 逐步上升到 830 m^3/s。

引汉济渭工程主要由黄金峡水利枢纽、三河口水利枢纽和秦岭输水隧洞三大部分组成，工程总调水规模 15 亿 m^3。采取一次建成、分期配水开发方式，其中一期工程 2025 年调水 10 亿 m^3。水源工程在汉江干流黄金峡和支流子午河分别修建黄金峡水利枢纽和三河口水利枢纽，利用黄金峡水利枢纽坝后泵站（黄金峡泵站）从汉江干流提水，扬程 117 m，通过 16.52 km 秦岭输水隧洞黄三段输水至三河口水利枢纽坝后右岸控制闸，大部分水量通过控制闸直接进入 81.78 km 秦岭输水隧洞越岭段送至关中地区，少量水（黄金峡泵站抽水流量大于关中地区用水流量部分）经控制闸由三河口泵站提水 97 m 入三河口水库存蓄，当黄金峡泵站抽水流量不满足关中地区用水需求时，由三河口水库放水补充，所放水经坝后电站发电后通过控制闸进入秦岭输水隧洞越岭段送至关中地区①。引汉济渭工程为保证不影响汉江中下游用水和基本不影响南水北调中线一期工程调水，运行时须服从汉江流域水资源统一调度和管理，并在枯水年采取避让措施。

2）**管理模式**

引汉济渭工程是一项以生活供水为主，兼有发电功能的大型水利枢纽工程，工程建成后运行管理的性质为准公益型。管理单位引汉济渭工程管理局为陕西省水利厅管理的准公益性单位，性质为副厅级事业单位。

根据“引汉济渭工程协调领导小组办公室机构编制问题的批复”（陕编发〔2009〕22 号）文件内容，陕西省引汉济渭工程建设管理局为建设期的事业管理单位。陕西省引汉济渭工程建设局作为项目法人，负责引汉济渭工程项目建设期间的工程设计、招标、施工和验收。目前，工程前期工作和准备工程建设已累计完成投资 30 亿元。2003 年陕西省完成省内南水北调工程规划，2004 年初启动引汉济渭工程项目建议书阶段工作，2007 年陕西省委、省政府做出全面加快工程前期工作、启动准备工程建设的决策，2011 年 7 月国家

① 长江水利委员会水资源局，2013.陕西省汉江水资源管理与保护工作调研报告[R].

发展改革委以发改农经〔2011〕1559号文批复了项目建议书，2012年1月、6月可研报告先后通过水利部技术审查和中国国际工程咨询公司组织的专家评估，确定了工程总体规模和建设布局。

陕西省引汉济渭工程建设有限公司为陕西省政府批准成立的大型国有独资企业。公司于2013年7月31日注册成立，主要职能为：负责引汉济渭工程建设及运营管理，依法享有授权范围内国有资产收益权，重大事项决策权和资产处理权；负责引汉济渭调水工程和输配水骨干工程的建设和管理，负责移民安置、环境保护等工作；研究提出和落实工程建设项目投融资方案，组织编制并实施工程建设投资计划；承担陕西省委省政府委托的其他工作。

2.3　跨流域调水运行管理存在的问题

随着跨流域调水工程的陆续通水，工程管理和运行成为各方关注的焦点。目前跨流域调水在运行管理环节存在的问题主要集中在以下几个方面。

2.3.1　跨流域调水工程的规划设计与实际运行存在较大偏差

多数工程实际运行效果与规划设计效果存在偏差。2008年10月之前，《调水工程设计导则》（SL430—2008）尚未颁布实施。由于没有规范的指导和要求，设计文件编制中对工程建设的必要性和任务缺乏深入的分析和论证，水资源供需分析与配置表达模糊；项目审查偏重技术方案的审查，而对工程运行管理方案、投资方案、经济评价等方面没有严格的要求，甚至对调水工程的负面影响考虑不足。

就具有典型代表意义的南水北调工程而论，东线和中线面临不同程度的运行难题。由于东线工程水价较之于黄河流域水价较高、供水渠道导致水质保障较难，且配套工程与干线工程没有同步建成，山东省等受水区各地市用水积极性不高，用水量也有限，预期工程效益远未得到发挥。而南水北调中线一期工程已经由规划的补充水源转变为主要水源。南水北调中线工程华北受水区承载着京津冀协同发展、雄安新区建设等国家重大战略。随着受水区配套工程的建设完工，对中线工程的需水量不断增加，一些城市已经将南水北调中线水源由补充水源变成主要水源，需要中线工程安全、稳定供水；随着汉江流域加快建设汉江生态经济带，汉江中下游及鄂北地区用水需求呈现增长趋势，对丹江口水库供水调度运行方式提出更高的要求。中线一期工程通水以来，由于北调水质优良，显著改善了受水区人民的生活用水品质，已逐渐成为受水区多座城市城区供水的主要水源，如北调水占北京主城区自来水供水量的73%，郑州中心城区自来水80%以上为北调水，河北省石家庄、邯郸、保定、衡水主城区75%以上为北调水。而南水北调中线一期工程在规划设计阶段，按1956～1998年水文系列分析，陶岔渠首多年平均调水量95亿m^3。据分析，1999～2016年年均径流为341亿m^3，比设计多年平均入库径流量388亿m^3减少47亿m^3，减少约12%。2013～2016年为汉江连续枯水年，平均径流仅为251亿m^3，较设计多年平均入库径流量 388 亿 m^3 减少约 35%①。

南水北调中线一期工程受水区各省（市）2017～2018 年度供水情况见表 2.2②。随着引汉济渭工程、鄂北水资源配置工程建成通水，水源地丹江口水库供水保障压力日益突显。作为南水北调东线工程重要组成部分的江水北调工程在初建时，也存在对必要的管理手段考虑不足的问题，致使现有工程的控制运用、检查观测、养护维修等设施缺乏。近年来对枢纽工程、重点闸站加强了设施配套，建成自动监控系统，但面上管理措施包括量水措施都很少，更缺乏完善的水质自动检测系统（李新安　等，2003）。

表 2.2　南水北调中线一期工程受水区各省（市）2017～2018 年度供水情况表

省（市）	北京	天津	河北	河南	合计
年度供水计划/亿 m^3	11.06	9.00	13.38	17.73	51.17
实际供水/亿 m^3	12.10	10.43	22.42	24.05	69.00
实际供水占计划供水比例/%	109.40	115.90	167.60	135.60	134.80
正常供水/亿 m^3	12.10	9.96	15.92	18.47	56.45
生态补水/亿 m^3	0.00	0.47	6.50	5.58	12.55
正常供水占计划供水比例/%	109.40	110.70	119.00	104.20	110.30

对缺水地区而言，一般情况下需水量大，用水指标往往很高，直接导致跨流域调水工程过水能力设计规模偏大。但从已有的跨流域调水工程运行实际看，存在一定比例的规划期与实际运行期差别较大的情况。部分跨流域调水工程建成运行后，受水区又存在一定的市场失序行为，例如对原有蓄水计划的随意变动、对约定水价的异议等，降低了工程的使用效率。受水区需水量一般较大，用水指标往往较高，直接导致调水工程过水能力设计规模偏大；但是调水工程建成运行后，由于水价较高，受水地区大大降低了取水量，由此降低了工程的使用效率，不仅给国家财政带来了沉重的负担，而且也在很大程度上浪费了水资源。南水北调东线一期工程各调水年度调水实现情况见表 2.3。

表 2.3　南水北调东线一期工程各调水年度调水实现情况

<table>
<tr><th rowspan="2">调水年度</th><th colspan="2">实际净增供水量/亿 m³</th><th colspan="2">规划净增供水量/亿 m³</th><th colspan="2">调水效果实现情况</th></tr>
<tr><th>江苏</th><th>山东</th><th>江苏</th><th>山东</th><th>江苏</th><th>山东/%</th></tr>
<tr><td>2013～2014</td><td>—</td><td>7 750</td><td rowspan="3">192 500</td><td rowspan="3">135 300</td><td>—</td><td>6</td></tr>
<tr><td>2014～2015</td><td>—</td><td>23 060</td><td>—</td><td>17</td></tr>
<tr><td>2015～2016</td><td>—</td><td>44 200</td><td>—</td><td>33</td></tr>
</table>

① 长江勘测规划设计研究有限责任公司，2018. 南水北调中线一期工程 2016～2017 年度水量调度计划实施总结报告[R].

② 长江勘测规划设计研究有限责任公司，2018. 南水北调中线一期工程 2017～2018 年度水量调度计划实施总结报告[R].

续表

调水年度	实际净增供水量/亿 m³		规划净增供水量/亿 m³		调水效果实现情况	
	江苏	山东	江苏	山东	江苏	山东/%
2016～2017	0	63 607	192 500	135 300	0	47
2017～2018	—	70 500			—	52
2018～2019	—	53 435			—	39

注：通水后调水效果实现情况为实际净供水量与规划净供水量之比值；2018～2019 调水年度实际净增供水量统计截止时间为 2019 年 7 月 1 日

从已建成并投入运营的工程看，大多数工程达效期都超出原本设计，如引黄入晋工程、引黄济青工程等。主要原因有：①配套工程建设比主体工程建设相对滞后；②受水区水资源配置水平与通水后需求有差距；③工程前期论证工作考虑不全面，需水预测与实际情况有偏差或是没有正确处理好当前需要与留有余地的关系；④工程建设关键技术问题的论证欠充分，对工程建设中可能出现的关键技术难题考虑不充分，致使工程开工后对出现的较大技术困难和问题难以及时解决和处置；⑤工程建设前期没有确立长期用水户，工程建成后的运行维护费用存在着很大风险，受水区没有承担应有的责任和义务。

2.3.2 跨流域调水的水量调度实施难度

跨流域调水工程水量调度实施的现实基础是受水区水源不足，通过跨流域调水工程将调水区的水调入受水区作为补充水源满足各类用水需求。因而跨流域调水工程的运行调度优先利用受水区当地的水源，对于用水缺口部分由调水区的水源进行填补。一般意义上受水区的用水缺口是跨流域调水工程供水能力设计和用水计划编制的主要参考依据。现实中由于水文过程的自然变化，受水区的来水量和用水需求之间的关系是动态变化的，是否需要调水区水源的补充、需要多少调水区水源受到受水区可利用水量的年度变化影响较大。

在跨流域调水工程建成后，如果完全按照优先利用受水区本地水源的方式运行,则跨流域调水工程只能在枯水时段或用水高峰时才能启用，这对于高投资的跨流域调水工程的资金回笼和经济运行十分不利；调水区的水源一般通过输水渠道或泵站抽取，水价通常远高于受水区当地水源的水价，过多利用调水区的水源对于用水户而言接受难度较大，同时也是对相对低价的本地水源的浪费。

以南水北调东线调水工程为例，东线一期工程运行以来，供水目标实现情况总体偏低。受水区沿黄河地区城市对于调水区水源的接受积极性不高，特别山东北部地区，偏向于使用水价较低的黄河水，因此山东省的承诺用水量与实际用水量之间存在较大差距。同属于东线受水区的江苏省在 2017～2018 年度水量调度计划中明确视情况才由东线一期工程供水，在 2018～2019 年度水量调度计划中同样未明确新增供水水量。受水区用水需求的变化直接影响跨流域调水工程的运行调度和工程效益[①]。

① 南水北调东线总公司，2019. 南水北调东线一期工程 2018～2019 年度水量调水工程总结[R].

2.3.3　运行管理体制难以满足跨流域调水需求

跨流域调水工程建成后，最终要通过管理发挥效益，管理水平的高低直接关系工程效益的充分发挥及安全正常运行。由于调水工程的多流域、多水源、多目标特性，为有效解决供需协调之间的矛盾，合理的运行管理体制能够充分发挥政府、市场、企业等多主体的共同责任和作用，有利于提高水资源的合理开发和使用，充分发挥跨流域调水工程的社会效益，抑制水污染和生态破坏，支撑经济与社会的可持续发展。设计一套合理易行的管理体制和运行机制，并落实相关机构对于跨流域调水的运行管理发挥根本性作用。随着水量交易的发展和水市场的进一步完善，市场竞争机制下的供求关系将对跨流域调水工程效益的发挥产生不可估量的影响。充分考虑各类用水部门的承受能力，进一步细化调控机制，平衡供需之间的矛盾和利益，对于跨流域调水工程的可持续发展意义重大。

我国实行的一直是政府管水、政府供水的运作模式，水作为一种自然资源和福利性的产品，由各级政府直接负责水资源的开发利用。绝大部分水工程的管理是政府直接管理的运行体制，是一种回应计划经济体制的单一的行政管理模式，基本把市场排除在外。对用水需求的满足也是由政府负责无偿或低价供给，不存在利用市场机制来配置水资源的问题。这曾在一定的时期内对国民经济发展和社会稳定产生了巨大的推动作用和维护作用。但是，随着社会主义市场经济体制的建立和完善，这一机制已越来越无法满足社会对水资源的需求。政府职能的综合性模式造成水资源供给以固定的价格交易，缺乏市场调节和适时变动而未能达到水资源的最高利用率，存在浪费、缺少监督的情形，在一定程度上损害到水资源的可持续发展和生态环境保护。

我国《水法》明确我国的水资源管理是以流域管理与行政区域管理相结合的管理体制，其配套的相关法律法规都是以流域为单元对权属进行规定，即流域内权属划分，其中包括流域管理权属与地方管理权属的划分，而没有涉及跨流域调水管理权属的内容，即流域间权属划分。我国《水法》直接涉及跨流域调水的内容只有第二十二条。目前跨流域调水工程往往涉及几个流域，超越了流域管理与行政区域管理的框架。法律法规在跨流域调水管理体制中的空缺是造成目前跨流域调水管理问题的主要原因，造成跨流域调水管理体制与管理机制不明确。例如引江济太工程，太湖局成立了太湖流域引江济太办公室作为项目建设法人，并成立了由太湖局和两省一市水利（水务）厅（局）主要负责人组成的引江济太试验工程领导小组。其引水调度基本上将长江流域管理机构排除在外，影响了流域水资源的统一管理与运行调度。

目前很多调水工程的运行机制大多难以适应工程可持续运行的需要。主要原因有：①有些地区在组建调水工程建设管理机构时，未充分统筹考虑将来工程建设管理单位与运行管理单位工作的过渡、衔接，给工程管理带来风险；②有些工程实行分块分段、由不同地区和部门进行接力赛式管理的方式，制约了水资源的统一调度和工程效益的发挥。该方面问题的主要症结实际上可以归结为如下两点。

（1）此类大型跨流域调水工程直接由中央政府决策，流域管理机构未能参与到水量运行调度等相关工作中，造成工程建设运行后，业主单位不重视流域管理机构的相关职能。

（2）国家的法律法规还不健全，目前直接由国务院相关部门决策，但决策过程中未能全面考虑现有管理体制中各相关部门的职能。

2.3.4　跨流域调水多方主体利益协调机制不完善

跨流域调水所调的水资源，既是资源分配，也是典型的利益分配。一般跨流域调水线路长，配套工程复杂，输水沿线涉及部门众多，水量协调工作和调水期间协调运行工作十分繁重，行政与技术管理难度较大。从目前已建成的调水工程来看，调水工程的有利影响主要体现在三个方面。①极大地提高了受水区水资源配置能力和供水保障能力，进而促进其经济社会可持续发展。调水可为受水区注入新的活力，促进经济发展和人民生活水平提高，为当地经济社会发展提供重要支撑和保障。②促进受水区生态环境改善，促进生态文明建设。调水可减少受水区对当地地表水和地下水的超采，促进当地水体的涵养和保护，改善因缺水而对生态环境造成的破坏，提升生态文明水平。③部分调水工程兼具防洪任务，可发挥一定程度的防洪效益。而其不利影响主要表现在：①调水工程规模一般较大，会造成征地和移民，从而产生一些敏感的社会问题；②调水工程会减少调出区的水环境容量，对调出区生态环境造成一定的不利影响，调水沿线的生态环境也会随之发生一些变化。

跨流域调水工程是流域间水量的再分配，在客观上打破了各自流域内部的平衡过程，势必对调水区和受水区的生态环境产生复杂而深远的影响。跨流域调水运行涉及水量分配与调度，本质上是调水区和受水区间的利益协调与平衡，需要对各受水区内部的经济、人口、生态等情况综合研究考虑。一方面是调水工程的整体水资源配置，包括如何根据各受水区的需水量和调水工程的设计规模确定水量调度计划及调度方案，如何进行水量实时调度分配及如何编制应急预案等，科学合理地利用调水工程的调水量；另一方面是受水区内部水资源配置包括根据受水区各用水户的用水结构如何调整现有水利工程的调度运行方式，如何平衡考虑不同水源的利用优先次序和合理顺序，处理好外调水与当地水的相互关系。

调水区因水被调出，其水资源与水环境承载能力、水域纳污能力下降，甚至在一定程度上限制了调水区社会经济的可持续发展。目前长江流域生态环境保护形势严峻，生态环境压力持续增加，跨流域调水在生态补偿方面的需求加大，亟待建立完善的调水补偿机制，打破行政区划界限和壁垒，形成流域生态环境保护合力。

2.3.5　跨流域调水工程的水价制定与水费收取困难

跨流域调水工程能长期稳定发挥效益的关键在于稳定的供水需求量和满足工程运行的经济收益。实际运行中，从调水区调入的水资源水价往往高于受水区当地水价，用水户宁愿多开采当地水，对外调水的需求量大大降低，这一现象在农业用水领域表现尤为突出。反映出跨流域调水工程在水价方案设计时对调水工程自身的运营效果比较重视，而对用水户的水价充分承受能力或购水愿望考虑不足。随着水资源商品价格的上升，用水户对商品的需求相应下降，反之随着水资源商品价格的下降，用水户对水资源商品的需求相应上升。

考虑受水区用户对水价的承受能力，合理制定水价是调水工程回收资金偿还贷款、实现调水工程经济效益的重要保证，也是维持供水单元正常运行的基本保障。国内跨流域调水工程水价一般在考虑偿还贷款并维持工程良性运行的基础上制定，对于城市供水为目标的调水工程，水价基本在用户可以承受范围之内；对于农业供水为目标的调水工程，通过制定合理的水价补偿机制，使水价在农民承受范围之内。可以说，水价是跨流域调水工程建设与运行的核心问题之一。

多数跨流域调水工程初期供水价格按照保障工程正常运行和满足还贷需要的原则确定，实行两部制水价。基本水价按照合理偿还贷款本息，适当补偿工程基本运行维护费用的原则制定；计量水价按照补偿基本水价以外的费用（抽水电费、人员福利及工程管理、工程维护、其他费用）制定。基本水费按基本水价乘以规划分配的分水口门净水量计算，计量水费按计量水价乘以实际口门用水量计算。以南水北调中线工程为例，根据《国家发展改革委员会关于南水北调中线一期主体工程运行初期供水价格政策的通知》（发改价格〔2014〕2959 号），水源工程综合水价为 0.13 元/m^3（含税，下同），其中基本水价、计量水价分别为 0.08 元/m^3、0.05 元/m^3（国家发展改革委，2015）。自中线工程通水以来，存在的一个问题是水费征收情况不理想，工程不足以还本付息。应督促受水区按国家相关规定及时、足额缴纳水费。此外，生态补水水价尚未落实。中线一期工程实际供水量由 2014～2015 年的 21.67 亿 m^3 增加到 2017～2018 年的 74.63 亿 m^3。2017 年 11 月以来，中线一期工程向北方受水区实施了生态补水 17.64 亿 m^3。根据《华北地区地下水超采综合治理行动方案》，到 2022 年，中线一期工程年均实施生态补水 10 亿～13 亿 m^3。在受水区相关省（直辖市）足额交纳基本水费的基础上，生态补水价格参照现行供水价格政策制定。建议由水利部组织丹江口水库运行管理单位、中线总干渠管理单位、生态补水受水区相关省（直辖市）等相关供用水方协商确定生态补水价格。相关供用水方按照国家相关规定签订生态补水合同或协议。目前，实施生态补水的退水闸大多尚未安装计量设施，生态补水水量计量不准确。生态补水管理办法尚未出台，生态补水的申报、计划编制与批准、与正常供水调度协调、相关单位的职责及分工协作等相关方面的事宜还未明晰。生态补水水价尚未落实，长效机制尚未建立。

目前国内已建的跨流域调水工程的水价大都远低于调水成本。跨流域调水工程收取的水费由于收取困难，水费的收益总体较低，难以满足跨流域调水工程的日常维护与运行。

由于水价仅考虑工程方面的要素，结构单一，缺乏灵活性。在市场条件下，供水企业和用水户之间无法通过价格来互相传递准确的成本变化和用水需求的信号，市场作用无法充分发挥；在受水区部门之间，缺乏价格调节；由于农业和生态等部门水价承受能力及用水效率要远低于城市工业用水户，而受水区的多个供水水源特性及水价不平衡性，容易导致各部门用水矛盾。受我国水权交易市场建制进程的影响，国内大部分地区普遍没有建立水权交易市场，水资源一直被认为是社会共有物品，其作为商品的价值和属性没有充分表现出来。没有明确水资源的权属问题，继而在水价的设定上也与实际要求存在很大差距，反过来又直接影响调水后效益的发挥。无论是调入还是调出水，都没有首先明确一个水资源的权属问题，继而在水价的设定上也与实际要求存在很大差距，更不要说水市场的建立与发展。归根到底，在以往的跨流域调水中，政府主导仍然占据主导地位，没有进行过水权交易，反过来又直接影响调水后效益的发挥。取水许可制度和水资源有偿使用制度为依法管理好水资源的两种实现手段：一种是行政管理的手段；另一种是经济管理手段。取水许可制度是国家最基本的水资源管理制度，也是水资源权属管理的具体体现形式。《水法》第四十八条，使两项制度作为取得取水权的要素，紧密地联系在一起。

我国各流域管理机构与地方政府发放的取水许可证一般来说业主单位的取用水是一体的，即取水为各单位自身所用，并从中受益。而对于跨流域调水则可能存在不同。例如，引江济太工程为改善太湖水环境的生态调度工程。虽然太湖局成立了太湖流域引江济太办公室作为项目建设法人，但是法人单位为非营利性质的运行调度机构，用水直接受益方为太湖流域内两省一市，此外，引江济太工程水费的核算及收取方式也不明确。在此种情况下取水许可的对象都存在争议，取水许可制度更难以实施。另外，由于流域管理机构从一开始就未能参与该项工程，工程运行后也难以参与其引水的运行调度管理过程。由于无法进行管理，水资源管理中两项制度的实施也无从谈起。由于缺乏市场调节机制，无法激励用水盈余者节水，也无法通过支付适当代价满足用水之需。因此，有必要进一步培育水市场，通过水市场高效配置水资源。

第 3 章　我国跨流域调水管理的法律演进

健全而完善的法律制度体系是跨流域调水得以有效运行管理的根本保障。伴随着我国跨流域调水工程的推进，对跨流域调水的管理及法律保障研究必将逐渐扩展并深入，它将成为水资源领域及环境法学研究的一个热点方向。当前我国专门针对跨流域调水问题的立法及实践分析属于研究的短板，学术界也多停留在从工程建设的角度研究跨流域调水问题。随着我国跨流域调水工程的不断增多，特别是举世瞩目的南水北调工程的逐步投入运营，迫切需要一套完善的法律法规体系，对我国跨流域调水进行引导和规制。

本章立足我国跨流域调水相关法律法规体系的建设现状，提炼跨流域调水管理相关的法律制度，从而辨明当前法律法规的制度供给与跨流域调水管理问题与诉求之间的差距，识别当前法律法规体系在回应跨流域调水管理方面存在的立法空白之处、法律制度之间不衔接之处及执行难等问题。

3.1 立 法 体 系

按照我国的立法体制，法律法规主要分为全国人大及其常委会制定的法律、国务院制定的行政法规、地方各级人大及其常委会制定的地方性法规、国务院各部门及省级人民政府制定的行政规章。

全国人大及其常委会制定的法律中，没有专门针对跨流域调水的，有关内容主要体现在《中华人民共和国水法》中。该法第二十二条规定：“跨流域调水，应当进行全面规划和科学论证，统筹兼顾调出和调入流域的用水需要，防止对生态环境造成破坏。”而且，该法有关水资源所有权与使用权、水资源管理体制、水资源规划、水资源开发利用、水资源、水域和水工程的保护、水资源配置和节约使用、水事纠纷处理与执法监督检查等内容的规定，在跨流域调水工作中都应当得到遵守并执行。此外，《中华人民共和国水污染防治法》（2017 年，以下简称《水污染防治法》）、《防洪法》、《中华人民共和国水土保持法》（2010 年，以下简称《水土保持法》）等法律也与跨流域调水有关。

国务院颁布的行政法规中，直接相关的是 2014 年 2 月 16 日颁布的《南水北调工程供用水管理条例》。尽管该条例只适用于南水北调东线工程、中线工程的供用水管理，但按照我国的惯例，其他调水工程一般都会参照此条例进行管理。该条例就调水工程的管理体制、管理原则、水量调度、水质保障、用水管理、工程设施管理和保护等内容做了全面规定，可以说是指导我国跨流域调水管理的基本法规。其他相关的行政法规有《大中型水利水电工程建设征地补偿和移民安置条例》（2017 年）、《取水许可和水资源费征收管理条例》（2017 年）、《中华人民共和国河道管理条例》（2017 年，以下简称《河道管理条例》）、《太湖流域管理条例》（2011 年）、《中华人民共和国水土保持法实施条例》（2011 年，以下简称《水土保持法实施条例》）、《中华人民共和国抗旱条例》（2009 年，以下简称《抗旱条例》）、《中华人民共和国水文条例》（2007 年，以下简称《水文条例》）、《中华人民共和国防汛条例》（2005 年，以下简称《防汛条例》）、《水利建设基金筹集和使用管理暂行办法》（1997 年）、《水库大坝安全管理条例》（1991 年）等。

在部门规章层面，主要围绕跨流域调水的工程建设、水权交易、排污口监管等方面出台了部分部门规章，包括《取水许可管理办法》（2017 年）、《水权交易管理暂行办法》（2016 年）、《入河排污口监督管理办法》（2015 年）、《水文站网管理办法》（2011 年）、《水利工程质量检测管理规定》（2008 年）、《水量分配暂行办法》（2007 年）、《水利工程建设安全生产管理规定》（2005 年）。

跨流域调水涉及地方性法规及行政规章，为数众多，如《河北省南水北调配套工程供用水管理规定》（2016 年）、《山东省南水北调条例》（2015 年）、《广东省水利工程管理条例》（2014 年）、《广东省东深供水工程管理办法》（2013 年）、《北京市密云水库怀柔水库和京密引水渠水源保护管理条例》（1999 年）等。

跨流域调水管理相关立法体系梳理详见表 3.1。

表 3.1　跨流域调水相关立法体系

类型	名称	颁布或修订时间
法律	《水污染防治法》	2017 年修订
	《水法》	2016 年修订
	《防洪法》	2016 年修订
	《水土保持法》	2010 年修订
行政法规	《大中型水利水电工程建设征地补偿和移民安置条例》	2017 年修订
	《取水许可和水资源费征收管理条例》	2017 年修订
	《河道管理条例》	2017 年修订
	《南水北调工程供用水管理条例》	2014 年颁布
	《太湖流域管理条例》	2011 年颁布
	《水土保持法实施条例》	2011 年修订
	《抗旱条例》	2009 年颁布
	《水文条例》	2007 年颁布
	《防汛条例》	2005 年颁布
	《水利建设基金筹集和使用管理暂行办法》	1997 年颁布
	《水库大坝安全管理条例》	1991 年颁布
部门规章	《取水许可管理办法》	2017 年修订
	《水权交易管理暂行办法》	2016 年修订
	《入河排污口监督管理办法》	2016 年修订
	《水文站网管理办法》	2011 年颁布
	《水利工程质量检测管理规定》	2008 年颁布
	《水量分配暂行办法》	2007 年颁布
	《水利工程建设安全生产管理规定》	2005 年颁布
地方性法规	《河北省南水北调配套工程供用水管理规定》	2016 年颁布
	《山东省南水北调条例》	2015 年颁布
	《广东省水利工程管理条例》	2014 年颁布
	《广东省东深供水工程管理办法》	2013 年颁布
	《北京市密云水库怀柔水库和京密引水渠水源保护管理条例》	1999 年颁布

3.2 主要内容

3.2.1 管理体制

《水法》规定，国家对水资源实行流域管理与行政区域管理相结合的管理体制，国务院水行政主管部门负责全国水资源的统一管理和监督工作，国务院水行政主管部门在国家确定的重要江河、湖泊设立的流域管理机构，在所管辖的范围内行使法律、行政法规规定的和国务院水行政主管部门授予的水资源管理和监督职责，县级以上地方人民政府水行政主管部门按照规定的权限，负责本行政区域内水资源的统一管理和监督工作（第十二条）；国务院有关部门按照职责分工，负责水资源开发、利用、节约和保护的有关工作，县级以上地方人民政府有关部门按照职责分工，负责本行政区域内水资源开发、利用、节约和保护的有关工作（第十三条）。

《南水北调工程供用水管理条例》规定，国务院水行政主管部门负责南水北调工程的水量调度、运行管理工作，国务院环境保护主管部门负责南水北调工程的水污染防治工作，国务院其他有关部门在各自职责范围内，负责南水北调工程供用水的有关工作（第四条）；南水北调工程水源地、调水沿线区域、受水区县级以上地方人民政府负责本行政区域内南水北调工程供用水的有关工作，并将南水北调工程的水质保障、用水管理纳入国民经济和社会发展规划（第五条）；国务院确定的南水北调工程管理单位具体负责南水北调工程的运行和保护工作，南水北调工程受水区省、直辖市人民政府确定的单位具体负责本行政区域内南水北调配套工程的运行和保护工作（第六条）。

3.2.2 规划制度

我国《水法》规定，应当按照流域、区域统一制订水资源开发利用和保护规划。建设水工程，必须符合流域综合规划。在国家确定的重要江河、湖泊和跨省、自治区、直辖市的江河、湖泊上建设水工程，其工程可行性研究报告报请批准前，有关流域管理机构应当对水工程的建设是否符合流域综合规划进行审查并签署意见；在其他江河、湖泊上建设水工程，其工程可行性研究报告报请批准前，县级以上地方人民政府水行政主管部门应当按照管理权限对水工程的建设是否符合流域综合规划进行审查并签署意见。水工程建设涉及防洪的，依照《防洪法》的有关规定执行；涉及其他地区和行业的，建设单位应当事先征求有关地区和部门的意见。

3.2.3 水质及水生态保护

《水法》规定，县级以上人民政府水行政主管部门、流域管理机构以及其他有关部门在制定水资源开发、利用规划和调度水资源时，应当注意维持江河的合理流量和湖泊、水库以及地下水的合理水位，维护水体的自然净化能力（第三十条）。《水污染防治法》规定，对重点水污染物排放实施总量控制制度（第二十条），建立饮用水水源保护区制度（第六十三条），在饮用水水源保护区内，禁止设置排污口（第六十四条）。并要求国务院有关部门和县级以上地方人民政府开发、利用和调节、调度水资源时，应当统筹兼顾，维持江河的合理流量和湖泊、水库以及地下水体的合理水位，保障基本生态用水，维护水体的生态功能（第二十七条）。从事开发建设活动，应当采取有效措施，维护流域生态环境功能，严守生态保护红线（第二十九条）。

3.2.4 水工程建设与保护

国家所有的水工程应当按照国务院的规定划定工程管理和保护范围。国务院水行政主管部门或者流域管理机构管理的水工程，由主管部门或者流域管理机构商有关省、自治区、直辖市人民政府划定工程管理和保护范围。其他水工程，应当按照省、自治区、直辖市人民政府的规定，划定工程保护范围和保护职责。

《水法》规定，建设水工程，必须符合流域综合规划。在国家确定的重要江河、湖泊和跨省、自治区、直辖市的江河、湖泊上建设水工程，未取得有关流域管理机构签署的符合流域综合规划要求的规划同意书的，建设单位不得开工建设；在其他江河、湖泊上建设水工程，未取得县级以上地方人民政府水行政主管部门按照管理权限签署的符合流域综合规划要求的规划同意书的，建设单位不得开工建设（第十九条）。国家对水工程实施保护。国家所有的水工程应当按照国务院的规定划定工程管理和保护范围。国务院水行政主管部门或者流域管理机构管理的水工程，由主管部门或者流域管理机构商有关省、自治区、直辖市人民政府划定工程管理和保护范围。前款规定以外的其他水工程，应当按照省、自治区、直辖市人民政府的规定，划定工程保护范围和保护职责（第四十三条）。

3.2.5 对用水实行总量控制和定额管理相结合的制度

省、自治区、直辖市人民政府有关行业主管部门应当制定本行政区域内行业用水定额，报同级水行政主管部门和质量监督检验行政主管部门审核同意后，由省、自治区、直辖市人民政府公布，并报国务院水行政主管部门和国务院质量监督检验行政主管部门备案。县级以上地方人民政府发展计划主管部门会同同级水行政主管部门，根据用水定额、经济技术条件及水量分配方案确定的可供本行政区域使用的水量，制订年度用水计划，对本行政区域内的年度用水实行总量控制。

3.2.6 取水许可制度与水资源有偿使用制度

《水法》规定，国家对水资源依法实行取水许可制度和有偿使用制度。国务院水行政主管部门负责全国取水许可制度和水资源有偿使用制度的组织实施（第七条）。直接从江河、湖泊或者地下取用水资源的单位和个人，应当按照国家取水许可制度和水资源有偿使用制度的规定，向水行政主管部门或者流域管理机构申请领取取水许可证，并缴纳水资源费，取得取水权（第四十八条）。用水实行计量收费和超定额累进加价制度（第四十九条）。

3.2.7　水费制度

《水法》规定，使用水工程供应的水，应当按照国家规定向供水单位缴纳水费。供水价格应当按照补偿成本、合理收益、优质优价、公平负担的原则确定。具体办法由省级以上人民政府价格主管部门会同同级水行政主管部门或者其他供水行政主管部门依据职权制定（第五十五条）。

3.2.8　跨流域配置的水量调度制度

《水法》规定，国务院发展计划主管部门和国务院水行政主管部门负责全国水资源的宏观调配。全国的和跨省、自治区、直辖市的水中长期供求规划，由国务院水行政主管部门会同有关部门制订，经国务院发展计划主管部门审查批准后执行。地方的水中长期供求规划，由县级以上地方人民政府水行政主管部门会同同级有关部门依据上一级水中长期供求规划和本地区的实际情况制订，经本级人民政府发展计划主管部门审查批准后执行（第四十四条）。调蓄径流和分配水量，应当依据流域规划和水中长期供求规划，以流域为单元制定水量分配方案（第四十五条）。

3.2.9　生态补偿制度

《水污染防治法》规定，国家通过财政转移支付等方式，建立健全对位于饮用水水源保护区区域和江河、湖泊、水库上游地区的水环境生态保护补偿机制（第八条）。《水法》规定，任何单位和个人引水、截（蓄）水、排水，不得损害公共利益和他人的合法权益（第二十八条）。

由于跨流域调水生态系统组成要素的多样性和立法技术的局限，跨流域调水生态补偿的法律规定散见于相关法律中，系统性很差，相关立法规定模糊。目前我国尚无专门的跨流域调水生态补偿立法，与跨流域调水相关的法律有《水法》《水污染防治法》等。《水污染防治法》第八条规定并没有直接涉及跨流域调水生态补偿问题。实践中通过财政转移支付等方式，对调水工程水源地、饮用水水源保护区区域和江河、湖泊、水库上游地区，实行水环境生态保护补偿。

跨流域调水管理相关法律法规梳理见表 3.2。

表 3.2　跨流域调水管理相关法律法规梳理

事项	法律法规	条款及相关内容	分析
管理体制	《水法》	第十二条：国家对水资源实行流域管理与行政区域管理相结合的管理体制	①跨流域调水管理体制在法律层级没有规定。由于《水法》中没有涉及流域间权属划分的规定，因此法律法规在跨流域调水管理中的空缺是造成目前跨流域调水管理体制不明的主要原因。 ②关于跨流域调水的管理体制目前仅在《南水北调工程供用水管理条例》中有体现，但该条例只是国务院颁布的行政法规，立法位阶较低；且该条例只适用于南水北调东线工程、中线工程的供用水管理，适用范围窄。因此，亟待在立法中完善跨流域调水的管理体制
	《南水北调工程供用水管理条例》	第四条：国务院水行政主管部门负责南水北调工程的水量调度、运行管理工作，国务院环境保护主管部门负责南水北调工程的水污染防治工作，国务院其他有关部门在各自职责范围内，负责南水北调工程供用水的有关工作	
		第五条：南水北调工程水源地、调水沿线区域、受水区县级以上地方人民政府负责本行政区域内南水北调工程供用水的有关工作，并将南水北调工程的水质保障、用水管理纳入国民经济和社会发展规划	
		第六条：国务院确定的南水北调工程管理单位具体负责南水北调工程的运行和保护工作。南水北调工程受水区省、直辖市人民政府确定的单位具体负责本行政区域内南水北调配套工程的运行和保护工作	
规划符合性	《水法》	第十四条：国家制定全国水资源战略规划	《水法》规定了建设水工程必须符合流域综合规划，且要求进行全面规划和论证，但实际中仍存在跨流域调水工程未按流域综合规划要求布局的现象，因此，亟待在立法中完善和加强规划对跨流域调水的约束性规定
		第十九条：建设水工程，必须符合流域综合规划。在国家确定的重要江河、湖泊和跨省、自治区、直辖市的江河、湖泊上建设水工程，未取得有关流域管理机构签署的符合流域综合规划要求的规划同意书的，建设单位不得开工建设；在其他江河、湖泊上建设水工程，未取得县级以上地方人民政府水行政主管部门按照管理权限签署的符合流域综合规划要求的规划同意书的，建设单位不得开工建设。水工程建设涉及防洪的，依照防洪法的有关规定执行；涉及其他地区和行业的，建设单位应当事先征求有关地区和部门的意见	
		第二十二条：跨流域调水，应当进行全面规划和科学论证，统筹兼顾调出和调入流域的用水需要，防止对生态环境造成破坏	

续表

事项	法律法规	条款及相关内容	分析
运行调度	《水法》	第二十二条：跨流域调水，应当进行全面规划和科学论证，统筹兼顾调出和调入流域的用水需要，防止对生态环境造成破坏	①《水法》对统筹兼顾调出和调入流域的用水需要的规定比较原则。由于实际调度中出现了未纳入调水区水资源统一调度管理、未按照批准的可调水量及分配份额调水的现象，因此，亟待在立法中对相关跨流域调水调度做出具体规定。 ②《南水北调工程供用水管理条例》《太湖流域管理条例》水量调度仅适用于部分调水工程，目前缺少对长江跨流域调水的运行调度规定
		第四十四条：国务院发展计划主管部门和国务院水行政主管部门负责全国水资源的宏观调配	
	《南水北调工程供用水管理条例》	第七条～第十八条：规定了水量调度有关的原则、年度用水计划建议管理、水量调度应急预案等	
	《太湖流域管理条例》	第十六条：太湖流域管理机构应当商两省一市人民政府水行政主管部门，根据太湖流域综合规划制订水资源调度方案，报国务院水行政主管部门批准后组织两省一市人民政府水行政主管部门统一实施。水资源调度方案批准前，太湖流域水资源调度按照国务院水行政主管部门批准的引江济太调度方案以及有关年度调度计划执行。地方人民政府、太湖流域管理机构和水工程管理单位主要负责人应当对水资源调度方案和调度指令的执行负责	
调水影响及生态补偿	《水污染防治法》	第八条：国家通过财政转移支付等方式，建立健全对位于饮用水水源保护区区域和江河、湖泊、水库上游地区的水环境生态保护补偿机制	我国在生态补偿方面的法律法规规定较笼统和宏观，更多的是在顶层设计和统筹规划层面给予了许多政策指导，诸如《关于加快推进生态文明建设的意见》《关于健全生态保护补偿机制的意见》等。虽然现阶段有《东江流域上下游横向生态补偿协议》《贵州省赤水河流域水污染防治生态补偿暂行办法》等法律法规对生态补偿做出了规定，但由于流域生态补偿的整体立法工作不足，针对跨流域调水的生态补偿工作更是在可行性、全面性以及强制力方面存在欠缺，亟待在立法中创设相关法律制度
	《环境保护法》	第三十一条：国家建立、健全生态保护补偿制度。国家加大对生态保护地区的财政转移支付力度。有关地方人民政府应当落实生态保护补偿资金，确保其用于生态保护补偿。国家指导受益地区和生态保护地区人民政府通过协商或者按照市场规则进行生态保护补偿	
	《水土保持法》	第三十一条：国家加强江河源头区、饮用水水源保护区和水源涵养区水土流失的预防和治理工作，多渠道筹集资金，将水土保持生态效益补偿纳入国家建立的生态效益补偿制度	

3.3 立法存在的主要问题

3.3.1 跨流域调水管理体制缺乏法律层级的规定

由于《水法》中没有涉及流域间权属划分的规定，因此法律法规在跨流域调水管理中的空缺是造成目前跨流域调水管理体制不明的主要原因。关于跨流域调水的管理体制目前仅在《南水北调工程供用水管理条例》中有体现，但该条例只是国务院颁布的行政法规，立法位阶较低；且该条例只适用于南水北调东线工程、中线工程的供用水管理，适用范围窄。因此，我国亟待在立法中完善跨流域调水的管理体制。我国关于跨流域调水管理体制的立法规定见表 3.3。

表 3.3 我国关于跨流域调水管理体制的立法规定

法律法规名称	相关条文规定
《水法》	第十二条：国家对水资源实行流域管理与行政区域管理相结合的管理体制
《南水北调工程供用水管理条例》	第四条：国务院水行政主管部门负责南水北调工程的水量调度、运行管理工作，国务院环境保护主管部门负责南水北调工程的水污染防治工作，国务院其他有关部门在各自职责范围内，负责南水北调工程供用水的有关工作
	第五条：南水北调工程水源地、调水沿线区域、受水区县级以上地方人民政府负责本行政区域内南水北调工程供用水的有关工作，并将南水北调工程的水质保障、用水管理纳入国民经济和社会发展规划
	第六条：国务院确定的南水北调工程管理单位具体负责南水北调工程的运行和保护工作。南水北调工程受水区省、直辖市人民政府确定的单位具体负责本行政区域内南水北调配套工程的运行和保护工作

跨流域调水管理体制的立法规定主要存在跨流域调水管理体制在法律层级没有规定的问题。《水法》明确水资源管理是以流域管理与行政区域管理相结合的管理体制，其配套的相关法规是以流域为单元对权属进行规定，即流域内权属划分，其中包括流域管理权属与地方管理权属的划分，而没有涉及流域间权属划分。目前跨流域调水工程往往涉及几个流域，超越了流域管理与行政区域管理的框架。

现行的管理体制基本上是由政府出面统一组织实施，管理机构行政化，具有高度权威性，实行建管统一的管理模式。跨一级流域的调水是指七大流域之间的调水，以南水北调工程、引江济太工程等大型跨流域调水工程为代表。《水法》明确我国的水资源管理是以流域管理与行政区域管理相结合的管理体制，其配套的相关法律法规都是以流域为单元对权属进行规定，即流域内权属划分，其中包括流域管理权属与地方管理权属的划分，而没有涉及流域间权属划分。显然跨一级流域的调水水资源管理超越了流域管理与行政区域管理的框架。我国《水法》直接涉及跨流域调水的内容只有第二十二条“跨流域调水，应当进行全面规划和科学论证，统筹兼顾调出和调入流域的用水需要，防止对生态环境造成破坏”。法律法规在跨流域调水水资源管理中的空缺是造成目前跨流域调水水资源管理问题的主要原因，使得跨流域调水管理体制不明确。

3.3.2　跨流域调水工程的合规性审查不足

《水法》规定了建设水工程必须符合流域综合规划，且要求进行全面规划和论证，但实际中仍存在跨流域调水工程未按流域综合规划要求布局的现象，部分跨流域调水工程未按流域综合规划要求进行布局，如引江济柴、白龙江引水等引调水工程。跨流域调水工程项目不同于一般的取用水工程，其调水影响范围大，环境影响复杂，其建设应符合流域综合规划要求，并与流域的整体水资源配置与调度格局相适应。

《水法》对统筹兼顾调出和调入流域的用水需要的规定比较原则。由于实际调度中出现了未纳入调水区水资源统一调度管理、未按照批准的可调水量及分配份额调水的现象，因此，亟待在立法中对相关跨流域调水调度做出具体规定。《南水北调工程供用水管理条例》《太湖流域管理条例》水量调度仅适用于部分调水工程，目前缺少对其他跨流域调水的运行调度规定。

关于跨流域调水工程合规性的立法规定见表 3.4。

表 3.4　关于跨流域调水工程合规性的立法规定

法律法规名称	主要条文内容
《水法》	第十四条：国家制定全国水资源战略规划
	第二十二条：跨流域调水，应当进行全面规划和科学论证，统筹兼顾调出和调入流域的用水需要，防止对生态环境造成破坏

此外，跨流域调水工程建设缺乏负面清单管理。什么情况下不能兴建调水工程、什么情况下不得调水，全依赖管理者的自由裁量。对违法的处罚不力。对违法取水、不按规定和许可证取水、调水的行为处罚不明或处罚力度不够，降低了法律法规的威慑力。

3.3.3　利益平衡机制和生态补偿机制不健全

（1）公众参与不够。这与管理体制是一脉相承的问题，调水工程规划、建设、运行的各个阶段，公众参与的机会和途径都很少。即使是与调水工程利益攸关的单位或个人，也缺乏正式的机制参与相关的决策、管理与运行工作。

（2）生态补偿不健全。跨流域调水补偿机制尚不健全。跨流域调水是长江流域整体性保护中重要的一个环节，调水区因水被调出，其水资源与水环境承载能力、水域纳污能力下降，甚至在一定程度上限制了调水区社会经济的可持续发展。目前长江流域生态环境保护形势严峻，生态环境压力持续增加，跨流域调水在生态补偿方面的需求加大，亟待建立完善的调水补偿机制，打破行政区划界限和壁垒，形成流域生态环境保护合力。

关于跨流域调水利益平衡机制与生态补偿的立法规定见表 3.5。

表 3.5 关于跨流域调水利益平衡机制与生态补偿的立法规定

法律法规名称	相关条文规定
《水污染防治法》	第八条：国家通过财政转移支付等方式，建立健全对位于饮用水水源保护区区域和江河、湖泊、水库上游地区的水环境生态保护补偿机制
《环境保护法》	第三十一条：国家建立、健全生态保护补偿制度。国家加大对生态保护地区的财政转移支付力度。有关地方人民政府应当落实生态保护补偿资金，确保其用于生态保护补偿。国家指导受益地区和生态保护地区人民政府通过协商或者按照市场规则进行生态保护补偿
《水土保持法》	第三十一条：国家加强江河源头区、饮用水水源保护区和水源涵养区水土流失的预防和治理工作，多渠道筹集资金，将水土保持生态效益补偿纳入国家建立的生态效益补偿制度

我国在生态补偿方面的法律法规规定较笼统和宏观，更多的是在顶层设计和统筹规划层面给予了许多政策指导，诸如《关于加快推进生态文明建设的意见》《关于健全生态保护补偿机制的意见》等。虽然现阶段有《东江流域上下游横向生态补偿协议》《贵州省赤水河流域水污染防治生态补偿暂行办法》等法律法规对生态补偿做出了规定，但由于流域生态补偿的整体立法工作不足，针对跨流域调水的生态补偿工作更是在可行性、全面性及强制力方面存在欠缺，亟待在立法中创设相关法律制度。

（3）协商协调有待加强。跨流域调水工程对调水区水资源利用及生态环境可能会造成一定影响，在实施过程中必须处理好调水区与受水区、资源环境与经济社会发展之间的关系，采取相应的措施减缓其不利影响，保障调水区水资源可持续利用和水生态环境。

3.3.4 跨流域调水工程运行调度管理有待规范

部分跨流域调水工程未纳入调水区水资源统一调度管理，未按照批准的可调水量及分配份额进行调水，引起了调水区与受水区、流域上下游、左右岸的不同取用水户之间的矛盾，区域水资源、水生态环境问题日益突出。部分跨流域调水工程，如南水北调东线、引江济太等工程没有办理取水许可手续。关于跨流域调水工程运行调度的立法规定见表 3.6。虽然《水法》对统筹兼顾调出和调入流域的用水需要进行了规定，但却十分原则，缺少更加详细的法律法规予以明确，这导致实际调度中出现了未纳入水源区水资源统一调度管理、未按照批准的可调水量及分配份额调水问题难以解决。

表 3.6 关于跨流域调水工程运行调度的立法规定

法律法规名称	条文内容
《水法》	第二十二条：跨流域调水，应当进行全面规划和科学论证，统筹兼顾调出和调入流域的用水需要，防止对生态环境造成破坏
	第四十四条：国务院发展计划主管部门和国务院水行政主管部门负责全国水资源的宏观调配

续表

法律法规名称	条文内容
《南水北调工程供用水管理条例》	第七条：南水北调工程水量调度遵循节水为先、适度从紧的原则，统筹协调水源地、受水区和调水下游区域用水，加强生态环境保护。 南水北调工程水量调度以国务院批准的多年平均调水量和受水区省、直辖市水量分配指标为基本依据
	第八条：南水北调东线工程水量调度年度为每年 10 月 1 日至次年 9 月 30 日；南水北调中线工程水量调度年度为每年 11 月 1 日至次年 10 月 31 日
	第九条：淮河水利委员会商长江水利委员会提出南水北调东线工程年度可调水量，于每年 9 月 15 日前报送国务院水行政主管部门，并抄送有关省人民政府和南水北调工程管理单位。 长江水利委员会提出南水北调中线工程年度可调水量，于每年 10 月 15 日前报送国务院水行政主管部门，并抄送有关省、直辖市人民政府和南水北调工程管理单位
	第十条：南水北调工程受水区省、直辖市人民政府水行政主管部门根据年度可调水量提出年度用水计划建议。属于南水北调东线工程受水区的于每年 9 月 20 日前、属于南水北调中线工程受水区的于每年 10 月 20 日前，报送国务院水行政主管部门，并抄送有关流域管理机构和南水北调工程管理单位。 年度用水计划建议应当包括年度引水总量建议和月引水量建议
	第十一条：国务院水行政主管部门综合平衡年度可调水量和南水北调工程受水区省、直辖市年度用水计划建议，按照国务院批准的受水区省、直辖市水量分配指标的比例，制订南水北调工程年度水量调度计划，征求国务院有关部门意见后，在水量调度年度开始前下达有关省、直辖市人民政府和南水北调工程管理单位
	第十二条：南水北调工程管理单位根据年度水量调度计划制订月水量调度方案，涉及到航运的，应当与交通运输主管部门协商，协商不一致的，由县级以上人民政府决定；雨情、水情出现重大变化，月水量调度方案无法实施的，应当及时进行调整并报告国务院水行政主管部门
	第十三条：南水北调工程供水实行由基本水价和计量水价构成的两部制水价，具体供水价格由国务院价格主管部门会同国务院有关部门制定。 水费应当及时、足额缴纳，专项用于南水北调工程运行维护和偿还贷款
	第十四条：南水北调工程受水区省、直辖市人民政府授权的部门或者单位应当与南水北调工程管理单位签订供水合同。供水合同应当包括年度供水量、供水水质、交水断面、交水方式、水价、水费缴纳时间和方式、违约责任等
	第十五条：水量调度年度内南水北调工程受水区省、直辖市用水需求出现重大变化，需要转让年度水量调度计划分配的水量的，由有关省、直辖市人民政府授权的部门或者单位协商签订转让协议，确定转让价格，并将转让协议报送国务院水行政主管部门，抄送南水北调工程管理单位；国务院水行政主管部门和南水北调工程管理单位应当相应调整年度水量调度计划和月水量调度方案

续表

法律法规名称	条文内容
《南水北调工程供用水管理条例》	第十六条：国务院水行政主管部门应当会同国务院有关部门和有关省、直辖市人民政府以及南水北调工程管理单位编制南水北调工程水量调度应急预案，报国务院批准。 南水北调工程水源地和受水区省、直辖市人民政府有关部门、有关流域管理机构以及南水北调工程管理单位应当根据南水北调工程水量调度应急预案，制定相应的应急预案
	第十七条：南水北调工程水量调度应急预案应当针对重大洪涝灾害、干旱灾害、生态破坏事故、水污染事故、工程安全事故等突发事件，规定应急管理工作的组织指挥体系与职责、预防与预警机制、处置程序、应急保障措施以及事后恢复与重建措施等内容。 国务院或者国务院授权的部门宣布启动南水北调工程水量调度应急预案后，可以依法采取下列应急处置措施： （一）临时限制取水、用水、排水； （二）统一调度有关河道的水工程； （三）征用治污、供水等所需设施； （四）封闭通航河道
	第十八条：国务院水行政主管部门、环境保护主管部门按照职责组织对南水北调工程省界交水断面、东线工程取水口、丹江口水库的水量、水质进行监测。 国务院水行政主管部门、环境保护主管部门按照职责定期向社会公布南水北调工程供用水水量、水质信息，并建立水量、水质信息共享机制
《太湖流域管理条例》	第十六条：太湖流域管理机构应当商两省一市人民政府水行政主管部门，根据太湖流域综合规划制订水资源调度方案，报国务院水行政主管部门批准后组织两省一市人民政府水行政主管部门统一实施。 水资源调度方案批准前，太湖流域水资源调度按照国务院水行政主管部门批准的引江济太调度方案以及有关年度调度计划执行。 地方人民政府、太湖流域管理机构和水工程管理单位主要负责人应当对水资源调度方案和调度指令的执行负责

3.3.5 取水许可和水资源有偿使用方面的立法不清晰

这里指的是水的使用权不清晰。根据现有的法律规定，只有取水的才能取得水权，不取水的一律没有水权。尽管农村集体经济组织及其成员使用本集体经济组织的水塘、水库中的水，以及家庭生活和零星散养、圈养畜禽饮用等少量取水的，不需要许可和付费，但他们是否拥有水权或者这种用水的权利依据与性质是不清楚的。这给调水工程造成的后果就是没有办法运用市场经济的法则进行运行和管理，只能片面地依靠行政配置和管制。

第 4 章　跨流域调水的关键法律诉求

跨流域调水管理具有复杂性和综合性特点，目前对跨流域调水的各类研究多集中于某一方面，缺乏整体性和综合性。对于第 2 章中提出的跨流域调水存在的问题与挑战，需要技术、管理与法律等多个领域的应对思路，即并非跨流域调水所有问题仅凭技术革新或管理体制的完善就可以解决。跨流域调水工程的实施本质上是实现公共利益、保障社会利益和个体利益。而法律是对利益的确认、衡量和保护，规范的是不同行为主体的权利、责任和义务。在法律语境下审视跨流域调水，跨流域调水工程的规划建设和投资、输水线路长、供水区域广、运行管理机制复杂等特点，转化为法律语言即为调水区、受水区的政府、公众在调水过程的利益表达与协调；调水行为作为一种交易行为需要法律的保障与规范；而调水过程造成的调水区利益让渡或牺牲、受水区的利益获得，这一利益冲突均需要补偿来实现不同区域、不同流域的平衡。跨流域调水工程长期稳定发挥效益的关键在于工程能得到足够、及时和均衡的补偿。

本章借助法学利益分析法，辨识跨流域调水的不同利益类型、利益主体及由此产生的利益冲突，以及协调以水权交易为基本要求解析跨流域调水存在的问题与障碍的根本原因，以水权为基础，综合考虑各方利益，并在生态补偿的法律关系内，总结跨流域调水的关键法律诉求。

4.1　跨流域调水中的利益衡量

4.1.1　跨流域调水中的利益类型

任何一项跨流域调水工程的决策、实施和运行管理，都涉及区域水资源的重新配置，并对水资源调水区、受水区及工程沿线的水量通过区的经济社会发展和环境产生重要影响，上下游、左右岸、调水区和受水区、工程沿线的行政区域之间必然会维护自身的利益，围绕水资源配置、工程规模、输水线路、资金筹措、建设与管理体制、供水水价及水环境保护等方面各自诉求（王吉勇，2008）。水资源是具有生态和经济属性的公共物品，一个主体对水资源的使用往往会影响其他主体对该资源的使用，并容易产生外部性。对于跨流域调水而言，一方面，调水会引发不同流域的水的流动，打破生态系统的相对平衡，可能导致调水区的环境退化，这一后果通常不是由受水区居民、企业和社会承担，而是由调水区居民和社会承担，是典型的负外部性问题；另一方面，跨流域调水要求调水区采取封山育林、禁止砍伐，以及进行生态建设，放弃相关产业发展，以保证调水区的水量和水质，这类生态服务大都是弥散的，没有明晰的施受边界，当然也就不可能直接进入市场交易，即生态系统功能服务的外溢价值由生态系统功能服务的消费者获得，而成本则主要由调水区—生态系统功能服务提供者承担，正外部性随之产生（伊媛媛，2011）。

需要是利益的客观基础，需要的多样性和多层次性决定利益多元多层。跨流域调水生态补偿涉及的利益是因水资源的多元价值而产生的多层次生态利益和不同的经济利益，解决跨流域调水生态补偿的利益冲突首先要求法律确认跨流域调水生态补偿中的相关利益。跨流域调水涉及的主要利益关系有环境利益与经济利益，水生态补偿中，生态利益是补偿对象，经济利益是补偿形式。生态利益是指恢复和重建生态系统，使生态系统保持正常的能量转化率、物质积累率和最大的自净能力。生态利益关系主体多元、内容多层，包括生态个体利益和生态公共利益。经济利益则体现为在良好的环境基础上提高资源的利用率，使投入和产出最大化，也即用最佳的生态功能为经济利益服务；同时，良好的经济状况能为生态利益的维护提供经济基础。

1. 环境利益

环境利益是指在满足大多数人需要的同时保护和优化生态系统，保持生态生产力可持续运行能力，以满足全人类整体和长远需要的效益。水资源具有满足人类获得经济利益和环境利益的功能。由于人类受对环境利益无限需求习惯心理作用和社会生产力水平限制，环境利益实现形式有别于经济利益，人类对环境利益往往缺乏关注与保护，易陷入唯经济增长的传统怪圈中，环境问题不可避免。跨流域调水会带来一些不利的环境变化，如调水区水量的减少会危及一些动物和植物的生存；水量通过区及受水区，由于地表水的下渗量增多，可能会导致局部区域产生土壤盐渍化等，造成环境利益的损失。大多数环境利益并不可为所有者独享，具有外部性，同时也为公众或全人类共享，具有公益诸多特性。从此意义看，环境利益相对于经济利益在现实中成为弱势利益，更易受损，为了保证利益公平，法律需要对环境利益受损救济与环境利益的增进做出适当地倾斜（王纯兵 等，2009）。

2. 经济利益

经济利益包括经济公共利益和经济个体利益，是跨流域调水中利益冲突的最主要表现形式。为保证有充足的水量和良好的水质到达受水区，调水区和水量通过区就得减少水资源的使用及限制向水体排放污染物，从而制约了这些地区经济的发展，给这些地区带来经济利益的损失。而调水使受水区的工农业生产和人民生活用水得到满足，促进当地社会经济的发展和人民生活水平的提高。从经济学的角度看，跨流域调水中相关各方，无论政府、企业和公众或个人，每方都有自己的经济利益，追求利益最大化。

对调水区水质的要求使得保护成为第一序位的价值追求。调水区的经济发展需以调水区水质及生态的保护为前提，从而相较于其他区域，经济发展的速度、规模均会受到影响和制约。此外，经济利益在跨流域调水中主要表现为水价或水费，即对所调水资源的价值认可，是经济利益的集中表达。跨流域调水工程的建设运行也有赖于经济效益保障。水价定价相对不高、水费的收取困难直接影响了调水区、跨流域调水工程的经济利益。

3. 社会利益

社会利益是跨流域调水所实现的公共利益的另一种表达。水资源是支撑经济社会发展的战略性资源。在我国人均水资源总量不足，水资源时空分布与生产力布局严重不均的背景下，许多地区的经济社会发展受制于水资源的供给能力。实施跨流域调水的根本目的在于解决水资源的时空分布与经济社会发展的显著不均衡，以调入水量缓解受水区水资源短缺带来的社会发展掣肘，从而实现广泛意义上的水资源配置格局的提升、社会的整体进步、更广泛群体利益的获得等。

4. 利益博弈

跨流域调水工程的兴建，使调水区和受水区成为一个有机的利益共同体，它们之间存在相互制约和相互影响的利益关系。调水区与受水区作为相对独立的利益主体，都追求自身效益最大化。对受水区而言，它希望用最小的成本获取更多的利益，甚至希望无偿用水。对调水区而言，跨流域调水的地方收益明显小于社会收益，跨流域调水工程的建设需要占用大量的耕地，生态环境的保护要求使得畜牧业、水产养殖业、种植业等相关产业发展受到制约，如果没有相应的激励机制或利益补偿机制，调水区就会停止供水行为，即便由于政府的行政手段，调水区也会首先过度使用水资源，出现滥用水资源的现象，造成水资源配置的低效率和水资源的浪费，有失社会分配的公平性和效率性。在我国某些地区仍存在无偿用水的问题，调水区以自己水资源减少、经济发展受到制约为代价支持受水区的社会经济发展，但自身却没有获得经济补偿，在许多跨流域调水的水价构成中，只包括工程水价，没有体现出资源水价。在这种情况下，调水区缺乏支持调水行为的动力；反之，二者进行合作，受水区给调水区适当的利益补偿，调水区就会支持跨流域调水行为，具有治理好水生态环境的动力，不仅促进自己发展，更将极大促进受水区社会经济的发展，使得受水区与调水区共同分享社会和经济发展所带来的利益，是一种理想的状态。

因此，作为水资源合理配置的重要手段之一，跨流域调水要统筹兼顾调水区与受水区的利益，全面发挥水资源的经济、社会和环境效益，包括合理确定受水区的需调水量和调水区的可调水量，以保障调水区的自身经济社会可持续发展所需要的水资源量。同时统筹考虑工程的经济技术合理性、生态环境的可承受性，使工程总体布局与生产力布局和生态建设与环境布局相协调，通过配置分析确定供水范围和受水用户，以保证充分有效利用调入水量。随着全社会对生态环境重视程度的提高，近年生态环境保护被赋予更多关注。调水工程对生态环境正反两方面的影响都需加以重视。如何协调处理好调水区和受水区的利益，如何统筹好上下游、左右岸、干支流与相关区域间的关系，如何建立生态补偿机制对调水区因保护水源而开展的产业调整、征地移民等进行补偿，如何解决好经济社会可持续发展和生态环境保护关系，是跨流域调水工程规划和设计过程中需要重点考虑的问题。

4.1.2　跨流域调水中的利益主体

跨流域调水工程涉及多个地区、多个部门的利益，其相关利益主体众多，关系复杂。水的流动性、地域性、外部性特点，使得中央政府与地方政府之间、地方政府之间、地方政府与流域管理机构等单位之间在跨流域调水工程的建设运营上有着千丝万缕的关系。这些相关单位之间的协调、分工需要政府来完成，以保证跨流域调水工程的良好运营。此外，在一个社会中，总会出现强势集团，也会出现弱势群体，政府必须保证作为弱势群体的贫困人民的基本用水需求（顾敏，2006）。跨流域调水管理工程的建设与运行涉及社会、经济的很多方面，其相关利益主体众多，关系复杂。跨流域调水的利益主体见表 4.1。

表 4.1　跨流域调水的利益主体

利益相关者	组成群体
核心利益相关者	跨流域调水工程投资者、水源公司、供水总公司及其驻省分公司、监管单位、沿线各省用水户，以及水源地和上游地区涉及水源保护的农民、渔民、市民及污染企业
次要利益相关者	水利部门、生态环境部门、航运部门、跨流域调水工程沿线居民、沿线渔业养殖户、用水户、其他调水工程及供水公司等
边缘利益相关者	跨流域调水工程沿线的省市政府部门、非政府组织调水工程沿线以外的其他受益地区等

1. 核心利益相关者分析

核心利益相关者主要包括跨流域调水工程投资者、水源公司、供水总公司及其驻省分公司、监管单位、沿线各省用水户，以及水源地和上游地区涉及水源保护的农民、渔民、市民及污染企业（禹勋，2011）。在调水过程中，为了保障水质，调水区的农民、渔民、市民要承担植树造林、封山育林、污染治理及水土保持等环境保护政策措施，虽然在工程建设期间国家会进行一定的环保项目投资并给予相应的补助，但这些补偿措施难以与核心利益相关者做出的利益牺牲和让渡相匹配。同时，为保障调水的水质，调水区的企业发展也受到很多的产业限制，进入门槛较其他地区要高很多，这些都造成了调水区的很多潜在利益损失。因此，调水区涉及水源保护的农民、渔民、市民及污染企业是调水过程中的受损方，也是利益协调的主要补偿对象。而受水区市民、自来水公司及工业企业等因为调水而缓解了缺水状况，工业生产等经济发展获得了更好的发展条件，生态环境进一步改善，人民生活水平显著提高，他们是显然的调水受益方，也是利益协调的主要收费对象。

2. 次要利益相关者分析

次要利益相关者主要包括调水区和受水区的地方政府职能部门、跨流域调水工程沿线居民、农民及渔民、其他配套调水工程及供水公司，职能部门包括各地的水利、生态环境、农业农村、交通等部门。其中，各相关政府职能部门是调水政策的实施者与监督者，在行使职能时需要兼顾生态、环境、经济、社会等多方面的需求及影响。水利部门主要负责调水相关工程的建设和维护等；生态环境部门主要负责环境保护、污染治理、植树造林、水土保持等；调水区农业农村部门主要控制农业非点源污染。各相关政府职能部门作为公共服务部门，因为没有直接的利益关系，会缺乏提高调水效率的管理动力，而更加注重调水工程的政治利益和社会效益。另外，受水区农民之所以也是次要利益，是因为跨流域调水工程主要以城市生活和工业用水为主，农业农村用水只占少量比例。

3. 边缘利益相关者分析

边缘利益相关者主要包括跨流域调水工程沿线的省、市政府部门、非政府组织等，此外，还包括调水工程沿线以外的其他受益地区。政府部门主要是进行宏观调控和政策宣传，需要兼顾效率与公平，在调水过程中起着领导和协调作用，没有直接的经济利益。环保等非政府组织作为非营利性机构，主要是倡导环保、宣传环保并参与环保活动。调水工程沿线以外的其他地区，虽然会在一定程度上间接受益，但是它们并没有被纳入调水工程的整体规划范围内，且它们受益的成分相对不多，因此可以不予考虑。

跨流域调水工程利益协调相关方见图 4.1。

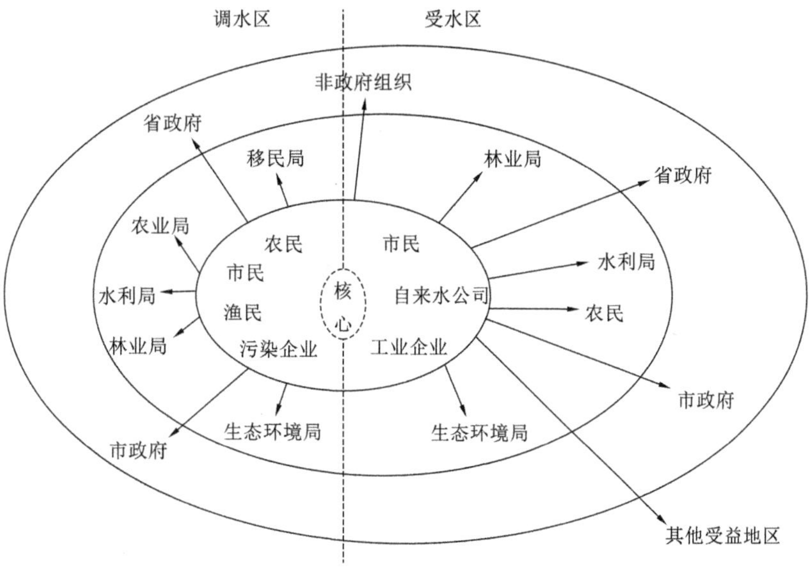

图 4.1　跨流域调水工程利益协调相关方示意图（禹勋，2011）

4.1.3　跨流域调水中的利益冲突与协调

利益是人类社会生存和发展的驱动性因素，利益关系属于法律问题的核心范畴。对利益的确认、协调、保护或者重整都需要法律的价值指引（沈宗灵，2014）。在法律正义分析框架下，跨流域调水本质上是一种分配行为，分配的实质是对不同主体之间利益衡量，核心在于实现分配正义。分配正义问题会在供需关系不平衡时显现。利益调整及协调是消解利益失衡的必要方式，它运用控制机制把利益分化限制在合理范围内，使不同利益主体之间及利益主客体之间表现为和谐状态利益关系是传统中国社会关系的体现，利益分配机制就是社会秩序形成机制（贾玉娇，2011）。利益法学派认为，法律的作用不是创造利益，而是确认、实现和保障利益。利益法学（Interessenjurisprudenz）最初于 19 世纪末 20 世纪初起源于德国，是社会法学的一个分支流派，因强调法官应该注意各种“利益”为核心思想而得名。其渊源可追溯到德国著名法学家鲁道尔夫·冯·耶林（Rudolph von Jhering，1818～1892）的目的法学，但其真正创始人是图宾根大学的民法学家和历史学家菲利普·赫克（Philipp Heck，1858～1943）教授，1905 年他在*ffentliches und privates wasserrecht* 一文中最早提出了“利益法学”的概念（Heck，1914）。利益法学经过“图宾根学派”（Tùbingen Schule）的其他人物如马克斯·吕梅林（Max Rùmelin，1861～1931）、海因里希·施托尔（Heinrich Stoll）及哥廷根大学的鲁道尔夫·穆勒·埃尔茨巴赫（Rudolf Mùller-Erzbach）和保尔·奥尔特曼（Paul rtmann）等的进一步发扬，成为 20 世纪一个非常有影响的法学流派。利益法学派的核心思想是利益是法律的产生之源，利益决定着法律规则的创建，利益及对利益的衡量是制定法律规则的基本要素，法律是“保护利益”的手段。他们主张，法律规则“不仅仅界定利益，而是同其他活性规则（Aktivgebot）一样本身就是利益的产物（Larenz，1999）。

在法律实践中，利益平衡已成为立法、执法、司法中的重要原则，其核心内容是法律的制定、执行和实施要全面考虑其所调整的各种利益关系，对各种利益的重要性做出评估或衡量，为协调利益冲突提供标准，使法律调整的利益主体各得其所，进而矫正失衡的利益。跨流域调水工程沿线利益差别和利益主体的存在，导致不同利益主体的冲突甚至尖锐对立。稀缺水资源在满足不同利益主体需求时的有限性和条件性，使相关利益主体由于目标追求不同而产生利益纷争。跨流域调水生态补偿制度的完善，需要运用利益平衡原则协调冲突性利益，矫正失衡状态，实现跨流域调水沿线社会公平和环境公平目标（才惠莲，2013）。

利益平衡原则在跨流域调水中的功能是平衡调水区和受水区及政府和全社会不同主体之间多层次生态利益和不同经济利益的冲突。在跨流域调水活动中，需要协调和平衡各方利益以促进社会共同体的共存与发展。利益协调和平衡是消解利益失衡和达成利益平衡的必要方式，它是运用调控机制使利益分化限制在合理的范围内，从而使不同的利益主体之间及利益主体与客体之间表现出来的一种和谐状态。法律要达到平衡目标，应当首先满足最重要的并具有优先性的利益，然后使其他的利益最少牺牲。“从法律的作用来看，它是为了满足、协调、调整这些重叠和经常冲突的请求、要求，或直接予以保障，或通过界定和协调各种个人利益加以保障，以便使最大多数人的利益或我们文明中最重要的利益有效果，同时使整个利益清单中其他利益的牺牲降低到最低程度。”（庞德，1984）。

跨流域调水工程是不同流域间的水量再分配，在客观上打破了各自流域内部的平衡过程，势必对调水区和受水区的生态环境产生复杂而深远的影响（骆学军 等，2004）。对调水区的影响包括：跨流域调水工程对水源地地形地貌、水文条件的改变及对流域内生态系统的扰动等。对受水区的影响包括：调入水量导致相应排污量的增加，调水水质与受水区自然和社会系统的适应性问题等。

跨流域调水中利益差别和矛盾的利益主体的存在，必然导致相互间利益的冲突甚至尖锐对立，稀缺的水资源在满足不同利益主体需求时的有限性和条件性，使相关利益主体由于追求的目标不同而产生利益纷争。如果一方的利益受到威胁并且与相对方难以达成调和，或者利益分配不能保障参与分配的利益主体都得到满足，就需要运用利益平衡原则协调冲突的利益，矫正当前的失衡状态，实现分配公平。

跨流域调水的利益平衡主要包括两个层面：一是为了保障充足的调水量，调水区可利用的水量减少，失去了部分利用水能发电的机会，造成了发电量损失；二是为了整个调水区的洁净水质，调水区及上游区域失去了利用水体自净能力的机会，形成了水体纳污能力损失，调水区及上游区域为了保护环境、保障水质而阻碍了该地区的可持续发展，造成了发展权受限损失。

目前在跨流域调水工程的生态环境保护中还存在结构性的政策缺位，特别是有关生态建设的经济政策严重短缺。这种状况导致了生态效益及相关的经济效益在保护者与受益者之间的不公平分配，受益者无偿占有生态效益，保护者得不到应有的经济激励。这种生态保护与经济利益关系的扭曲，影响了利益相关者之间的和谐。

通过立法设立跨流域调水的管理机构，建立一种协调机制以协调流域范围内有关的水资源合作和保护者之间的利益分配，避免治理中推诿扯皮和利益前的一哄而上：在条件可能的情况下，按有关法律下放权力，让市、县和村镇政府机构直接负责水资源的综合管理，包括水污染控制，适当条件下，可明确水资源产权，实现水资源的企业化管理。跨流域调水工程水资源配置的协商机制见图 4.2。

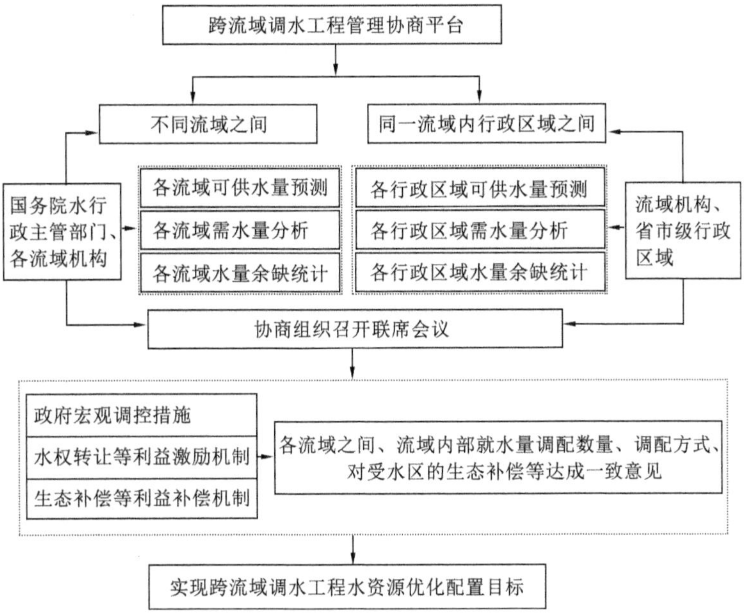

图 4.2　跨流域调水工程管理的协商机制示意图

（1）不损害调水区（或流域）重要生态系统可持续性原则。跨流域调水需要保证河流生态系统具有足够的恢复力以面对来自自然界和生态系统两方面的胁迫。所谓恢复力（resilience）是指胁迫消失后系统克服干扰及反弹回复的容量。具体指标是对干扰的恢复效率及对干扰的抵抗力。如果恢复力降低到一定程度，生态系统失去了“弹性”，脆弱性增强，干扰就变得不可逆转，引起生态系统退化。恢复力相当于一种缓冲器，它是通过生物群落多样性起作用的。生物群落多样性越高，系统对于干扰的抵抗力及干扰后的恢复力就越强。

维护生物群落多样性是维护河流健康的重要目标。为保护河流生物多样性，作为流域管理的目标，要确定水资源开发的合理程度，包括 5 个方面：①保证最低生态需水量；②确定水资源开发的合理程度，有多余水量才可外调；③确定治污的水质目标，防止水污染；④确定提高生物栖息地质量的目标，维持河流地貌特征的多样性，防止河流的渠道化；⑤确定濒危和珍稀生物的保护目标，维护生态系统的完整性。

（2）正确考虑受水区人口增长及经济发展对水资源的需求，根据受水区不同时期经济的发展情况及建设资金的筹措情况逐步完善和不断扩大或缩小跨流域调水规模。

（3）不损害（或者具有一定损害，但是具有相应补偿机制及措施）调水区或其流域下游的社会经济发展用水为前提。

1. 调水区和受水区的利益冲突

气象、水文因素的不确定性常常造成跨流域调水工程设计调水量的波动性，在调水区缩减可调水量，或是受水区内部供不应求与供过于求的不平衡矛盾严重时，跨流域调水工程的协商工作一般以召开联席会议的形式进行，使利益相关者的谈判在公开、公平、公正的环境中有序地进行。在摸清并分析各流域基本水情的基础上，谈判与协商的焦点就会集中在如何协调流域之间、流域内部的供求矛盾上，即水量富余方与水量不足方如何在服从流域大局、国家大局的整体观念下，兼顾水资源调配过程中的受损的利益进行生态补偿等内容与会双方进行广泛、深入的探讨。

以丹江口水库为例，其作为南水北调中线水源工程及在建的引汉济渭、襄阳引丹等多个工程的水源地，面临着水源地自身利益的维护、多个跨流域调水工程之间的利益协调等多方面的难题。特别是在南水北调中线一期工程建成通水以后，原规划期丹江口水库的水仅作为京津冀地区的补给水源，但实际通水以后变为了主水源，供水量增加，对丹江口水库自身的运行维护提出了更多挑战。在水量分配与调水计划制订与执行过程中，各调水工程均从自身利益出发，要求优先保障各自受水区的用水需求，对调水区的来水量和供水量及生态系统维护需求考虑较少。加之目前丹江口水库的水价较低，供水工程设施维护、人力开支等多方面经费保障稍显不足。

根据《南水北调中线工程规划报告》（水利部长江水利委员会，2003），2030 年丹江口水库分配给清泉沟引水量为 11.07 亿 m^3，在保证不影响中线一期工程陶岔调水过程和调水 93.4 亿 m^3 的前提下，通过减少丹江口水库下泄水量中供给汉江中下游干流供水区的供水量，由漳河水库、引江济汉等补充供水量，以保证汉江中下游干流供水区的用水不受影响，增加 2030 年清泉沟引水量 2.9 亿 m^3，清泉沟总引水量达 13.98 亿 m^3，其中唐西引丹灌区引水量 6.28 亿 m^3，鄂北引水量 7.7 亿 m^3。丹江口水库供水情况见图 4.3。

2. 政府间的利益冲突

跨流域调水从规划、建设到运行过程中涉及的政府主体众多，利益冲突的类型也多样。不仅中央政府和地方政府、地方政府和地方政府之间，在地方政府内部各部门之间也会产生利益冲突，这主要是由政府行为的多元目标函数造成的。政府的多重身份决定了政府行为目标函数的多元化。作为国有资产所有者，政府追求其资产收益的最大化；作为宏观经济管理者，政府追求的是社会经济的统一协调发展；作为社会公益管理者，政府的目标在于公益福利水准的最大幅度提高；而作为政权主体，政府又不能不以社会安定为最大功利。政府的这些目标函数在实践中往往是由不同政府部门实现的，因此，目标函数的难以协调一致直接导致了政府部门的利益冲突。在现实中的直接表现是，政府财政预算在各政府部门之间的分配。

我国《水法》虽然对水资源开发利用过程中可能出现的利益冲突做出了规定，但这一规定是原则性的，实践中仍然经常发生水事纠纷。解决区域争水的有效办法是实行“流域分水”，具体可采用“政治民主协商制”。政治民主协商机制实际上是一种谈判和投票

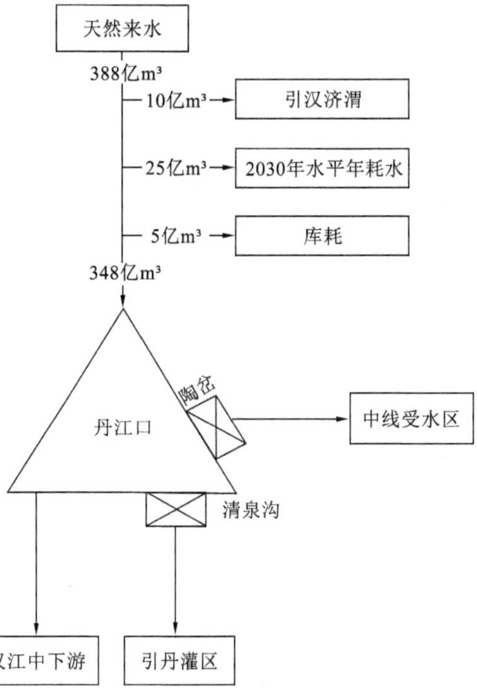

图 4.3　丹江口水库供水示意图①

机制，地方利益主体通过广泛参与反映地方利益，实行地方投票、中央拍板、民主集中，在一定规则下达成合约，其结果不一定是谈判各方的最优解，但却是较优解或妥协解，这将带来流域整体用水效益的提高。同时，这一机制也是能容纳于我国现行法律框架下的。

在跨流域调水中的政府担当着国家权力机构中执行机关的角色，政府在跨流域调水工程的建设和管理中发挥着主导作用。美国、法国、俄罗斯、澳大利亚等国家在跨流域、长距离调水工程建设过程中都有强烈的政府行为，跨流域调水工程只有在政府统一组织下，通过政府的授权，才能正式开始运行和管理，社会团体或私人可以参与工程的建设投资，但是无法直接对工程进行开发和管理。

4.2　跨流域调水中的水权交易

有关跨流域调水的水权和水市场体制是影响跨流域调水管理制度建设和水量分配的重要因素。虽然水权和水市场等概念引入国内的时间不长，还处于摸索和试点建设的阶段，但跨流域调水的水权是关系水资源开发中的公平和效率原则的核心问题，跨流域调水形成的区域水资源重分配，可以形成更高的水资源利用效率，促进经济发展，也可能因规划设计不周导致调水区和受水区间的不公平。

20 世纪 90 年代以来，我国面临严重的水危机，水资源短缺成为经济社会发展的重要

① 长江勘测规划设计研究有限责任公司，2015. 湖北省鄂北地区水资源配置工程水资源论证报告[R].

瓶颈。为了应对严峻的水问题挑战，进入 21 世纪之后，我国的水管理模式开启了从工程水利向资源水利和可持续发展水利的大转型。水利部提出在新的市场经济条件下，要充分发挥市场在水资源优化配置领域的作用，积极探索建立水权制度和水权交易市场（汪恕诚，2000）。过去十几年来，中国的水权水市场改革不断推进，在法规政策制定、水权制度建设和水权交易实践方面取得了一系列进展。2004 年黄河中上游宁蒙地区开展了水权转换试点工作；2005 年水利部发布《关于水权转让的若干意见》和《水权制度建设框架》；2014 年 7 月，水利部印发《水利部关于开展水权试点工作的通知》，选择在工作基础好、代表性强、地方积极性高的 7 个省区，开展不同类型的水权试点工作，即水利部从 2014 年 7 月开始，在宁夏回族自治区、江西省、湖北省、内蒙古自治区、河南省、甘肃省、广东省 7 个省（区）启动水权改革试点，河北省、新疆维吾尔自治区、山东省、山西省、陕西省、浙江省开展了省级水权改革探索，试点地区采取用水户直接交易、政府回购再次投放市场等方式，积极探索开展了跨区域、跨流域、跨行业的水权交易。2016 年 11 月，水利部和国土资源部印发《水流产权确权试点方案》的通知，选择部分地区作为试点区域开展水流产权确权试点，探索水流产权确权的路径和方法，为在全国开展水流产权确权积累经验。

4.2.1　跨流域调水水权交易发展现状

总体来看，经过十几年的发展，我国初始水权分配的框架初步形成，开展了一系列水权市场的实践探索和试点，特别是取水权的确立及水权交易的实践探索，为水权制度建设进一步创造了必要条件，但水权确立登记、水权交易规则、水市场与中介组织、社会监督机制、政府监管与服务等一系列制度尚未建立，水权流转不顺畅，权利保护不充分，水权制度建设之路仍然任重而道远；实践中水权市场尚未发育完成，水权交易还未成体系，更缺乏水权交易的制度体系和技术支撑，水权市场的建设仍将经历长期的研究和探索（王亚华 等，2017）。

根据《水法》第三条规定："水资源属于国家所有。水资源的所有权由国务院代表国家行使。农村集体经济组织的水塘和由农村集体经济组织修建管理的水库中的水，归各该农村集体经济组织使用。"《中华人民共和国宪法》（以下简称《宪法》）第九条第一款规定："矿藏、水流、森林、山岭、草原、荒地、滩涂等自然资源，都属于国家所有，即全民所有；由法律规定属于集体所有的森林和山岭、草原、荒地、滩涂除外"；第二款规定："国家保障自然资源的合理利用，保护珍贵的动物和植物。禁止任何组织或者个人用任何手段侵占或者破坏自然资源。"《中华人民共和国物权法》（以下简称《物权法》）第四十六条规定："矿藏、水流、海域属于国家所有。"根据上述法条可知：水资源的所有权与用益权具有可分离性，而水资源权能的可分离性，使水权具有了让与性，这为水权交易以及水市场的建立提供了法律基础与保障。当前各国物权立法趋势呈现出由重视所有权向重视使用权转变的特点，在这一背景下，用益物权得到了很大发展，这对于水权交易的开展也起到了促进作用。由于市场失灵的存在，水权市场自身难以实现水资源的有效配置，这就需要政府运用法律、经济、行政等多种手段对水权交易活动进行必要干预，并承担起上述多方面的责任。

2016 年 4 月 19 日，水利部部长陈雷签署水政法〔2016〕156 号文件，印发了《水权交易管理暂行办法》（以下称《办法》）。《办法》共六章三十二条，对可交易水权的范围和类型、交易主体和期限、交易价格形成机制、交易平台运作规则等做出了具体的规定，水权交易定义是《办法》遇到的第一个难点问题。包括我国在内的多数国家的相关法律将水资源界定为国家所有，自然地需要政府承担起对水资源使用权的初始分配责任。水权初始分配可以视为通过国家层面的全国水资源战略规划和中长期供求规划，流域层面的流域规划和流域水量分配方案，以及各省区、地市、区县层面的地方水资源分配方案，在各地区实现水资源的优化配置。水权包括水资源的所有权和使用权，其中水资源属国家所有，水权交易的客体是水资源使用权。水权交易定义为“在合理界定和分配水资源使用权基础上，通过市场机制实现水资源使用权在地区间、流域间、流域上下游、行业间、用水户间流转的行为”。

《办法》按照水资源使用权确权类型、交易主体和程序，将水权交易分为区域水权交易、取水权交易、灌溉用水户水权交易三大类型，具体分类详见表 4.2。其中，区域水权交易的主体均为地方人民政府或者其授权的部门、单位；取水权交易是法律法规明确规定的水权交易类型，也有取水许可证这一具有法律效力的载体作为交易依据，是当前实践中最为活跃的交易类型；灌溉用水户水权交易则主要指灌区内部用水户或者用水户组成的组织等不办理取水许可证但实际用水的主体之间的交易。按照科斯（1994）的观点，制度供给的意义在于规制人们之间的交换关系，减少信息成本和不确定性，把阻碍合作的因素降低到最低程度，促进个人收益与社会收益的最大化。除非这种准则或规则由政府提供，否则难以保证其强制性及应有的效益。可见，政府是制度供给的唯一主体。从制度视角来看，水权市场的培育和发展离不开两方面的支持，即水权市场制度的制定与完善以及水权市场制度的执行与落实。

表 4.2　我国目前水权交易的主要类型

水权交易类型	主要特点
区域水权交易	不同政府间的水权交易；以现实的水量转让为基础
取水权交易	可转让的取水权应系节约而来；转让且须经原取水审批机关批准
灌溉用水户水权交易	先确权后交易；无须审批

区域间水权交易是政府对政府的交易，《南水北调工程供用水管理条例》第十五条规定，工程受水区省、直辖市可授权部门或者单位协商签订转让协议，确定转让价格，并将转让协议报送国务院水行政主管部门。《办法》参考此条做出规定：一是明确区域间水权交易必须以现实的水量转让为基础，禁止单纯买卖指标，这就要求这种交易必然发生在同一流域，或者具有跨流域调水的工程条件；二是明确了交易程序，与南水北调区域间交易程序大致相同，但要求协议应由共同的上一级人民政府水行政主管部门或者流域管理机

构备案；三是规定转让方占用本方指标，受让方不占用本方指标。

《取水许可与水资源费征收管理条例》第二十七条对取水权转让做出了原则性规定，规定可转让的取水权应系节约而来，且须经原取水审批机关批准。《办法》一是对申请材料、交易程序进行了细化规定；二是为体现高效便民、鼓励交易原则。《办法》要求原取水审批机关在 20 个工作日内完成申请报告审查、节水措施现场核查工作；三是本着实事求是原则，对实践中广泛存在的双方约定的交易期限超出取水许可证有效期的情形作出了特别规定；四是对取水权回购和竞争性再配置做出了规定。

灌区与农户是典型的“取水用水分离”关系，灌区管理单位办理取水许可证、具有取水权，但“取而不用”；农户不办理取水许可证，但实际上通过渠系既取水又用水，农户具有事实上的用水权益。《办法》做出规定：一是必须先确权后交易，确权形式并不强求一致，水权证、水票、登记簿等形式均可以，只要这种形式是有管辖权的水行政主管部门认可的；二是这种交易一般自主开展，无须审批，只是超过 1 年的需要事前备案；三是规定了灌区权利义务，特别是规定灌区可以回购用水权，用以重新配置或者对外交易（水利部政策法规司，2018）。

4.2.2　跨流域调水水权交易的法律困境

当前推进水权市场建设面临诸多困难和挑战。由于水资源具备流动性、随机性、利害双重性等特殊属性，很难直接借鉴土地、矿产等其他自然资源的确权与交易模式。同时水资源具有公益性，水权市场只是一个准市场，水权确权和交易十分复杂。而且水权交易法律依据尚不完善，水资源配置体系不能完全支撑水权市场建设。概括而言，水权交易的制度性问题主要集中于以下两个方面。

第一，制度内容不完善。其一，我国水资源属于国家所有，相关法律形成了政府供给水资源的制度模式，而忽视了从根本上对水权进行清晰界定和权能区分。《宪法》《水法》等法律虽然明确了水资源所有权，但对水资源占有、使用、收益、处置等权利缺乏具体规定。其二，《水法》作为最早的水资源管理法律法规，侧重于水资源的行政管理，较少涉及水权交易、水权市场等方面内容，与当前我国水权制度改革的趋势和法律保障要求不相匹配。同时，上述涉水法律法规与《宪法》《物权法》等法律中的相关内容未能完全对接。如《物权法》明确将取水权纳入用益物权范畴，而《水法》《取水许可和水资源费政收管理条例》虽确立了取水权，但未就取水权的权利内容作出明确规定，导致取水权缺乏作为用益物权的物权性、流转性等基本属性。又如按照《取水许可和水资源费政收管理条例》，取水许可证有效期限一般为 5 年，期限较短，难以满足用益物权的权利稳定性要求。其三，水权市场的良性运行需要一系列配套制度予以保障，然而目前水权交易配套保障制度近乎空白，包括水权初始分配执行的强制性约束机制、水资源使用的监督惩罚机制、水权交易的冲突调解机制，以及对生态影响和第三方利益的补偿机制等均存在不明确或缺失现象。

第二，制度设计缺乏统一性。当前我国水权市场制度体系中，就水权交易规则而言，由国务院和水利部颁布的指导性文件与地方政府颁布的规则尚未实现内容上的完全统一。如《水权交易管理办法》规定水权交易主体包含了获得取水权的个人及已明确用水权益的灌溉用水户，而在地方水权改革实践中，《广东省水权交易管理暂行办法》则将水权交易主体界定为取水单位或县级以上人民政府，未包含个人和灌溉用水户。

4.3　跨流域调水中的生态补偿

生态补偿是指对由人类的社会经济活动给生态系统和自然资源造成的破坏及对环境造成的污染的补偿、恢复、综合治理等一系列活动的总称。广义的生态补偿则还包括对因环境保护丧失发展机会的区域内的居民进行的资金、技术、实物上的补偿、政策上的优惠，以及为增进环境保护意识，提高环境保护水平而进行的科研、教育费用的支出。我国跨流域调水的工程中，怎样对跨流域调水水源地进行生态补偿是关系能否顺利实施跨流域调水工程的关键性问题，即怎样对水源地因调水工程造成的损失进行补偿。

4.3.1　跨流域调水生态补偿的政策演进

由于历史原因，很多水工程都着重于水资源的开发利用（防洪、发电、供水、灌溉、航运等），对生态环境的考虑缺乏或不足。随着工程的建成运行，生态环境的不利影响逐步显现，加之社会经济的发展，国家和社会公众对生态环境保护修复的呼声越来越高。开展水利工程生态调度，满足生态用水需求，修复重要物种生境，是很多水利工程面临的新要求。对于水利工程生态调度是否需要补偿，目前尚存在一定的争议。如对于国家投资建设和负责运行的大型水利工程，工程设计就要求具有一定社会和生态服务的功能，这种情况下生态调度不一定需要补偿。但对于民营或集体所有的水工程，如要求其提供不在工程最初设计功能范围内的生态调度服务，或是为恢复生境拆除水工程（如退出类的小水电工程、平原河网恢复连通性的闸坝拆除等），这种情况下还是需要建立一定的补偿机制。在《水利部、国家发展改革委、生态环境部、国家能源局关于开展长江经济带小水电清理整顿工作的意见》（水电〔2018〕312 号）中，明确将位于自然保护区核心区或缓冲区、未办理环评手续违法开工建设且严重破坏生态环境的水电站列为分类整改中的“退出类”，退出类的水电站原则上要立刻退出；对位于自然保护区但在其批准设立前合法合规建设的，或是不涉及自然保护区且对生态环境影响较小的水电站，限期退出。对退出类电站要“明确是否补偿以及补偿标准、补偿方式等”。

近年来，国家高度重视生态补偿机制的建设，在顶层设计和统筹规划层面给予了众多政策指引。2015 年政府工作报告提出扩大流域上下游横向生态补偿机制试点；《关于加快推进生态文明建设的意见》（中发〔2015〕12 号）提出要“建立地区间横向生态保护补偿机制，引导流域上游与下游之间，通过资金补助、产业转移、人才培训、共建园区等方式实施补偿”，科学界定生态保护者与受益者权利义务，加快形成生态损害者赔偿、受益者付费、保护者得到合理补偿的运行机制。《生态文明体制改革总体方案》（中发〔2015〕25 号）进一步明确完善生态补偿机制，明确提出要“鼓励各地区开展生态补偿试点”，推动在京津冀水源涵养区、广西省、广东省九洲江等多个重点地区开展跨地区生态补偿试点；2016 年 3 月 21 日环境保护部、财政部联合召开部分省份流域上下游横向生态补偿机制建设工作推进会，意味着我国推进流域上下游横向生态保护补偿机制迈出了里程碑式的一步。2016 年 3 月 22 日中央全面深化改革领导小组第二十二次会议审议通过的《关于健全生态保护补偿机制的意见》（国办发〔2016〕31 号），指出“到 2020 年，实现森林、草原、湿地、荒漠、海洋、水流、耕地等重点领域和禁止开发区域、重点生态功能区等重要区域生态保护补偿全覆盖”，将“跨地区、跨流域补偿试点示范取得明显进展”列为我国健全生态保护补偿机制的目标任务之一。2016 年 9 月，《长江经济带发展规划纲要》提出通过生态补偿机制等方式，激发沿江省市保护生态环境的内在动力；依托重点生态功能区开展生态补偿示范区建设，实行分类分级的补偿政策。2016 年 12 月，财政部、环境保护部、国家发改委、水利部联合印发《关于加快建立流域上下游横向生态保护补偿机制的指导意见》（财建〔2016〕928 号），明确了流域上下游横向生态保护补偿的指导思想、基本原则和工作目标，就流域上下游补偿基准、补偿方式、补偿标准、建立联防共治机制、签订补偿协议等主要内容提出了具体措施。2018 年 2 月，财政部、环境保护部、国家发展改革委、水利部启动实施长江经济带生态修复奖励政策，到 2020 年，中央财政拟安排 180 亿元促进形成共抓长江大保护格局，同时，财政部印发《关于建立健全长江经济带生态补偿与保护长效机制的指导意见》提出，“以建立完善全流域、多方位的生态补偿和保护长效体系为目标，加强长江流域生态补偿与保护制度设计”。

当前，我国正处于全面建设小康社会的决胜期和实现“两个一百年”奋斗目标的历史交汇期，共抓大保护和绿色发展是长江流域的发展期盼，关系流域可持续发展，对于促进经济社会发展具有重要意义。2016 年 1 月，习近平总书记在重庆召开推动长江经济带发展座谈会时指出，“走生态优先、绿色发展之路，使绿水青山产生巨大生态效益、经济效益、社会效益，使母亲河永葆生机活力”，强调当前和今后相当长一个时期，要把修复长江生态环境摆在压倒性位置。

2018 年 10 月，国务院办公厅印发《关于加强长江水生生物保护工作的意见》（国办发〔2018〕95 号），进一步强化和提升长江水生生物资源保护和水域生态修复工作。2019 年 1 月四部委研究制定了《长江流域重点水域禁捕和建立补偿制度实施方案》。

生态补偿的政策演进见表 4.3。

表 4.3　生态补偿政策演进

印发时间	政策名称	主要内容
2015 年 6 月	关于加快推进生态文明建设的意见	科学界定生态保护者与受益者权利义务，加快形成生态损害者赔偿、受益者付费、保护者得到合理补偿的运行机制； 加大对重点生态功能区的转移支付力度，逐步提高其基本公共服务水平； 建立地区间横向生态保护补偿机制； 建立独立公正的生态环境损害评估制度

续表

印发时间	政策名称	主要内容
2015 年 9 月	生态文明体制改革总体方案	探索建立多元化补偿机制，逐步增加对重点生态功能区转移支付； 制定横向生态补偿机制办法； 在长江流域水环境敏感地区探索开展流域生态补偿试点
2016 年 2 月	关于加强长江黄金水道环境污染防控治理的指导意见	将充分发挥市场机制作用，建立长江经济带生态保护补偿机制
2016 年 3 月	关于健全生态保护补偿机制的意见	跨地区、跨流域补偿试点示范取得明显进展成为工作目标
2016 年 3 月	生态环境大数据建设总体方案	建立生态环境损害评估方法，为地方领导干部自然资源资产离任审计制度、企业赔偿制度、生态补偿机制、责任追究制度的执行和落实提供数据和技术支撑
2016 年 9 月	长江经济带发展规划纲要	按照“谁受益谁补偿”的原则，探索上中下游开发地区、受益地区与生态保护地区进行横向生态补偿
2016 年 12 月	关于加快建立流域上下游横向生态保护补偿机制的指导意见	流域上下游横向生态保护补偿的指导思想、基本原则和工作目标
2018 年 2 月	关于建立健全长江经济带生态补偿与保护长效机制的指导意见	到 2020 年，长江流域保护和治理多元化投入机制更加完善，上下联动协同治理的工作格局更加健全
2018 年 10 月	关于加强长江水生生物保护工作的意见	完善生态补偿机制。充分考虑修复措施的流域性、系统性特点，建立健全生态补偿机制，支持水生生物重要栖息地的保护与恢复。科学确定涉水工程对水生生物和水域生态影响补偿范围，规范补偿标准，明确补偿用途。通过完善均衡性转移支付和重点生态功能区转移支付政策，加大对长江上游、重要支流、鄱阳湖、洞庭湖和河口等重点生态功能区生态补偿与保护的支持力度。加强涉水生生物保护区在建和已建项目督查，跟踪评估生态补偿措施落实情况，确保生态补偿措施到位、资源生态修复见效
2019 年 1 月	长江流域重点水域禁捕和建立补偿制度实施方案	退捕渔民临时生活补助、社会保障、职业技能培训等相关工作所需资金，主要由各地结合现有政策资金渠道解决。同时，中央财政采取一次性补助与过渡期补助相结合的方式对禁捕工作给予适当支持

4.3.2　跨流域调水生态补偿存在的问题

对调水区进行必要的生态补偿是保证跨流域调水工程正常持续运行的必要条件之一。国外学者通过长期研究提出，生态补偿的理论基础主要包括资源的公共物品属性、资源的有偿使用理论、外部成本内部化理论、效率与公平理论等；在补偿依据方面，国外主要提出了“谁保护谁受益”和“谁受益谁付费”两个依据，即调水区生态保护者得到补偿和受益者付费原则。

1. 流域上下游横向生态补偿长效机制尚未完全建立

生态补偿既是一种上下游间的利益协调机制，也是在上下游间、东中西部间搭建了联防联控、流域共治、产业协作的合作平台。健全流域生态补偿机制，不能靠各个地区“单打独斗”，只有通过部门合作、上下游之间相互配合才能实现。目前跨省流域横向生态保护补偿的相关政策主要以协议形式出台，时效性和强制性难以保障，协议性文件约束性有限，难以保障生态环境的长期改善。生态补偿相关职能部门各自为政、条块分割，缺乏积极有效的沟通及相互配合，缺乏整体性和协调性。多头管理、工作内容交叉重叠影响全流域的有效沟通协调。

这一问题在江河源头及跨省河流的生态补偿中尤为突出。以赤水河流域生态补偿为例，目前有明确立法规范保障的生态补偿仅在贵州省境内，流域内上游云南和下游四川生态补偿的参与只能依靠联席会议等方式，但因缺乏国家层面协调、监管与激励的跨省补偿办法，上下游不同省市对长江流域治污积极性不高，跨省治理水污染的责任落实难度较大。行政区域划分限制了全流域生态补偿的建立，上下游之间的利益平衡、合作共赢机制尚未完全建立。

2. 生态补偿立法体系相对不完善

现有与生态保护补偿相关的法律规定分散于《水法》《水土保持法》《水污染防治法》中。这些条文中关于流域生态补偿的规定比较少，各部门的立法侧重点不同，难免会造成部门立法中关于此问题的冲突。近年来，虽然我国已经制定并实施了《水法》《水污染防治法》《水土保持法》等与流域水资源及水环境密切相关的保护性法律，对生态补偿仅有原则性、鼓励性内容而无具体的财税和体制机制等安排条款，缺乏系统性和可操作性。2010 年开始酝酿起草的《生态补偿条例》迟迟未出台，只能从零散的法律制度中找到一些法律条文和国务院及流域地方政府出台的一些关于生态补偿试点工作的意见法规。生态补偿相关法律梳理见表 4.4。

表 4.4　生态补偿相关法律梳理

法律名称	涉及生态补偿的条款内容
《水法》	第二十九条：国家对水工程建设移民实行开发性移民的方针，按照前期补偿、补助与后期扶持相结合的原则，妥善安排移民的生产和生活，保护移民的合法权益。 第三十一条：开采矿藏或者建设地下工程，因疏干排水导致地下水水位下降、水源枯竭或者地面塌陷，采矿单位或者建设单位应当采取补救措施；对他人生活和生产造成损失的，依法给予补偿。 第三十五条：从事工程建设，占用农业灌溉水源、灌排工程设施，或者对原有灌溉用水、供水水源有不利影响的，建设单位应当采取相应的补救措施；造成损失的，依法给予补偿
《水污染防治法》	第八条：国家通过财政转移支付等方式，建立健全对位于饮用水水源保护区区域和江河、湖泊、水库上游地区的水环境生态保护补偿机制

续表

法律名称	涉及生态补偿的条款内容
《水土保持法》	第三十一条：国家加强江河源头区、饮用水水源保护区和水源涵养区水土流失的预防和治理工作，多渠道筹集资金，将水土保持生态效益补偿纳入国家建立的生态效益补偿制度。 第三十二条：在山区、丘陵区、风沙区以及水土保持规划确定的容易发生水土流失的其他区域开办生产建设项目或者从事其他生产建设活动，损坏水土保持设施、地貌植被，不能恢复原有水土保持功能的，应当缴纳水土保持补偿费，专项用于水土流失预防和治理。专项水土流失预防和治理由水行政主管部门负责组织实施。水土保持补偿费的收取使用管理办法由国务院财政部门、国务院价格主管部门会同国务院水行政主管部门制定
《防洪法》	第七条：各级人民政府应当对蓄滞洪区予以扶持；蓄滞洪后，应当依照国家规定予以补偿或者救助。 第三十二条：因蓄滞洪区而直接受益的地区和单位，应当对蓄滞洪区承担国家规定的补偿、救助义务。国务院和有关的省、自治区、直辖市人民政府应当建立对蓄滞洪区的扶持和补偿、救助制度。国务院和有关的省、自治区、直辖市人民政府可以制定洪泛区、蓄滞洪区安全建设管理办法以及对蓄滞洪区的扶持和补偿、救助办法
《环境保护法》	第三十一条：国家建立、健全生态保护补偿制度。 国家加大对生态保护地区的财政转移支付力度。有关地方人民政府应当落实生态保护补偿资金，确保其用于生态保护补偿。 国家指导受益地区和生态保护地区人民政府通过协商或者按照市场规则进行生态保护补偿
《野生动物保护法》	第十九条：因保护本法规定保护的野生动物，造成人员伤亡、农作物或者其他财产损失的，由当地人民政府给予补偿。具体办法由省、自治区、直辖市人民政府制定。有关地方人民政府可以推动保险机构开展野生动物致害赔偿保险业务。 有关地方人民政府采取预防、控制国家重点保护野生动物造成危害的措施以及实行补偿所需经费，由中央财政按照国家有关规定予以补助。

在国家层面，《宪法》第九条规定了水流属于国家所有，国家保障自然资源的合理利用，禁止任何组织和个人用任何手段侵占或者破坏自然资源。2014 年修订后的《中华人民共和国环境保护法》（以下简称《环境保护法》）规定了生态补偿制度，但是较为笼统。《环境保护法》第三十一条规定："国家建立、健全生态保护补偿制度。国家加大对生态保护地区的财政转移支付力度。有关地方人民政府应当落实生态保护补偿资金，确保其用于生态保护补偿。国家指导受益地区和生态保护地区人民政府通过协商或者按照市场规则进行生态保护补偿。"在《环境保护法》中规定生态补偿意义重大，流域生态补偿制度有了环境基本法上的依据。虽然《环境保护法》中规定了生态补偿制度，但是该规定相对宏观，流域水污染的治理和保护就无法具体落实，需要国家或者地方针对生态补偿制度进行进一步细化落实，由于专门针对流域生态补偿的立法工作的拖延，流域生态补偿相关法律法规的缺失，以至于出现我国流域生态补偿制度不健全的局面，导致我国在流域生态补偿实践中无具体明确的制度的存在，也客观上带来了流域生态补偿中的补偿标准不明确，补偿资金来源和补偿方式单一，缺乏长效机制等问题。

对于《关于健全生态保护补偿机制的意见》中提出江河源头区和集中式饮用水水源地及重要水生态修复治理等生态补偿重点领域所涉及的补偿主体和补偿客体、补偿标准、补偿方式等均未在国家层面法律法规中得到充分说明。由于存在跨界流域生态环境差异、生态保护补偿对象的多样性及范围的不确定性等因素，尚没有规范的生态保护补偿标准核算方法，流域生态环境保护成本、发展机会成本和生态服务价值未能得到充分体现。

生态环境作为一种资源存在有其自身价值，跨流域调水工程中的调水区和受水区分别是生态环境的提供者和使用者，外部性是其本质的经济属性，由于外部性特征使其在实施过程中往往出现“供与用”的脱节，生态资源无法实现合理配置。通过对调水区生态补偿可将其外部性转化为内部性，按照“谁破坏谁赔偿、谁受益谁补偿、谁保护谁受偿”的原则进行补偿，合理体现生态环境价值。生态补偿是实现调水区经济发展与生态保护共赢的有效途径。跨流域调水工程在减少调水区可利用水资源量的同时对调水区的生态环境建设提出更高要求，这势必限制调水区经济发展，发展的迫切需求和生态保护的需要两者之间矛盾日益突出。而调水工程建设的直接受益者为受水区，作为理性的经济人，调水区追求自身利益的最大化使其开发活动日益增强，最终对生态环境带来负面影响。生态补偿可降低调水区经济发展的生态成本，提高调水区进行生态保护的积极性，为调水区生态环境建设提供资金和技术支持，走可持续发展道路。

4.3.3 跨流域调水生态补偿的法律关系

跨流域调水生态补偿法律关系包括跨流域调水生态补偿法律关系的主体、客体和内容。跨流域调水生态补偿法律关系的主体是指在跨流域调水生态补偿活动中的实践者，实践者包括给付补偿者和接受补偿者。当前中国跨流域调水生态补偿的给付补偿者主要是国家和地方政府，也有少量的企业组织参与进来。而作为公民个人的给付补偿者几乎找不到。接受主体主要是指因跨流域调水遭受环境破坏和为保护环境而丧失发展机会的特定区域内的人们，这个“人们”不仅包括生活在该地区的人们，还包括对该地区的政府及相关组织的补偿。跨流域调水生态补偿的客体是指因跨流域调水而遭受的经济损失的利益。换言之，即一部分人为了另一部分人的发展而丧失的经济利益，也就是发展权。跨流域调水生态补偿的内容是指对补偿的具体事项的规定，比如补偿的价格、方式和标准的内容。

1. 跨流域调水生态补偿的主体

跨流域调水生态补偿法律关系的主体应该包括给付主体和接受主体。给付主体因补偿模式不同而不同，但国家及地方政府成为生态补偿法律关系的主要给付主体已成为不容争辩的事实。接受主体是指应向一定区域提供生态环境服务，从事生态环境服务而使正常的生产活动受到影响进而使得经济发展受到不利影响，应当得到资金、技术等补偿的地区、社会组织和公民。接受主体主要为政府、企业或有关组织和公民，有关组织可以是民间的环保组织等为环境保护做出贡献的非企业组织。

2. 跨流域调水生态补偿的客体

跨流域调水生态补偿法律关系的客体应当包括两部分，因保护环境是正常的生产活动受到损害而丧失一定发展机会的经济利益和由此而带来的环境公共利益。虽然环境公共利益作为客体表面上看没有依据，但从长远来看，作为跨流域调水法律关系的客体应当是符合环境问题的特征和人类对良好生态环境的价值追求。在水权交易下的跨流域调水的生态补偿中，给付主体对接受主体的给付方式，不管是货币、技术、实物还是项目的补偿，都体现了跨流域调水的生态补偿法律关系客体这两部分的内容。

3. 跨流域调水生态补偿的内容

补偿的标准、补偿方式和补偿资金及其分配是跨流域调水生态补偿的主要内容。以南水北调中线工程调水区丹江口库区及上游为例，分析调水区生态补偿现状及问题。丹江口库区及上游地区位于秦巴、伏牛山区，共涉及河南省、湖北省和陕西省 3 省 8 个市（林区）43 个县（市、区）。丹江口水库及上游县市的具体范围见表 4.5。

表 4.5　丹江口库区及上游县市统计表

省	市（林区）	县（市、区）名称	数量/个
陕西省	汉中市	汉台区、南郑区、城固县、洋县、西乡县、勉县、略阳县、宁强县、镇巴县、留坝县、佛坪县	11
	安康市	汉滨区、汉阴县、石泉县、宁陕县、紫阳县、岚皋县、镇坪县、平利县、旬阳县、白河县	10
	商洛市	商州区、洛南县、丹凤县、商南县、山阳县、镇安县、柞水县	7
河南省	三门峡市	卢氏县	1
	洛阳市	栾川县	1
	南阳市	西峡县、淅川县、内乡县、邓州市	4
湖北省	十堰市	丹江口市（含武当山特区）、郧阳区、张湾区、郧西县、竹山县、竹溪县、房县	8
	神农架林区	神农架林区	1
合计			43

1）补偿基准

集中式饮用水水源地生态补偿以流域区域为单元，以水为核心，以“生态流量不减少、入库水质不降低”为总体目标，选择生态流量和断面水质等可度量、可考核的指标作为“集中式饮用水水源地”生态保护补偿的基准。

根据长江流域集中式饮用水水源地的类型，主要考虑水库型水源地和河道型水源地等。水库型水源地以上下游地方政府和供受水区域为补偿主客体，统筹区域内水流生态保护补偿涉及的多种损益关系类型，采取流域上下游横向补偿方法；河流型水源地以中央、地方人民政府和供水企业为补偿主体，以水源保护区内发展受限群体和水源保护行为主体为补偿对象，采取纵向补偿方法。

（1）水库型水源地。根据各地流域生态补偿考核经验和水质监测基础，选取化学需氧量（chemical oxygen demand，COD）和氨氮（NH_3-N）两项指标作为水库型水源地水质保护补偿与考核项目。

围绕“入库水质不降低”，选取近5年参评指标的平均浓度作为生态补偿核算的对比基准。生态补偿基准的确定原则为：当近5年参评指标月平均浓度小于水质目标浓度时，以近5年参评指标月平均浓度作为生态补偿核算基准；当近5年参评指标月平均浓度大于水质目标浓度时，以水质目标浓度上限作为生态补偿核算基准。入库河流断面水质由流域管理机构或地方水利部门提供。

（2）河流型水源地。河流型水源地以中央、受水区地方政府和供水企业为补偿主体，以供水企业水费结合国家和地方政府补贴为主要资金来源，以保护区内发展受限群体和水源保护行为主体为补偿对象，结合河长制，将区域生态环境改善作为河流型水源地水质保护补偿与考核项目。

2）补偿标准

按照水库型和河流型水源地生态补偿基准，针对各自补偿范围和补偿对象，分别建立生态补偿标准。

（1）水库型水源地。入库河流生态补偿标准需要根据水质考核断面和达标限制计算污染物减排量，具体污染物减排补偿标准参照当地污水处理厂污水处理成本等因素对生态补偿标准重新进行核算。

入库河流生态补偿标准，可根据社会经济发展水平建立动态调整机制。入库河流生态补偿标准的确定需要经过上级政府人大会议通过决议后才能生效，为生态补偿标准的确定建立法律基础和保障。对于跨界断面水质考核机制，水质考核断面两边的行政区无法自主协调建立生态补偿机制，需要上级政府部门为主导，上级环保、财政等部门参与，保障生态补偿机制的顺利实施。

（2）河流型水源地。调水区按照设计供水规模从收取的受水区水价中抽取20%用于生态补偿，实际供水量达不到设计供水规模时，由调水区政府财政补足差额，以保证生态补偿机制的长久运行。

河流生态补偿标准的确定需要经过地方政府人大会议通过决议后才能生效，为生态补偿标准的确定建立法律基础和保障。对于跨界水源保护区，需要两个行政区的上级政府来主导建立，上级环保、财政等部门参与，保障生态补偿机制的顺利实施。

3）补偿主体与对象

按照“谁受益谁补偿，谁受损谁补偿”的原则来确定集中式饮用水源地生态补偿主体和对象。

（1）水库型水源地。在水库型水源地生态环境保护中，为了避免“公地的悲剧”导致过度使用，保证生态补偿的顺利实施，补偿的主体应以受水区地方政府为主导，供水公司和用水户为主要参与者，补偿流域范围经济发展受限所造成的损失及水库下游区的水量损失。跨界生态补偿为双向奖惩性补偿，汇水区、库区政府和水库水源管理单位互为生态补偿主体和补偿对象。

生态补偿要考虑归属地政府的政策平衡，避免形成比较效益，不标新立异。例如，水库周边其他区域，因不在水库所在流域范围内，生态补偿政策没有覆盖，当地群众没有获得水源保护的利益，容易产生一些社会矛盾。

（2）河流型水源地。在河流型水源地生态补偿过程中，为了避免“搭便车”导致的供给不足，地方政府和供水企业应该作为河流型水源地生态补偿的主体，用水户作为主要参与者。补偿的区域为水源地保护区范围，补偿对象包括：水源地一、二级保护区和准保护区的水源涵养林补偿；一、二级保护区生产补偿，包括面源污染治理，退耕还林等；一、二级保护区和准保护区的居民生活补偿等。

集中式饮用水水源地生态补偿的资金实行按月核算、按季通报、按年缴纳。

受水区和调水区在同一个省份的，由省环境保护部门负责组织断面水质的监测和考核，省水利部门负责组织断面水量监测，并将入库断面水量和水源地月供水量结果按月通报省环境保护部门。省环境保护部门按月对入库断面生态补偿资金进行核算，同时依据供水量对水费抽取金额及需受水区政府补充的差额进行核算，每季度将核算结果向省财政部门、补偿各方通报，每年 3～4 月份将上年度核算结果及应缴纳总额向省财政厅、补偿各方政府通报。受水区和调水区政府在收到上年度生态补偿核算结果和应缴纳总额通报后 20 个工作日内，将应缴纳的生态补偿资金按照 2∶8 比例分别缴入省财政和对方财政。逾期不缴纳的，省财政厅将通过办理上下级结算扣回拖欠款项。

受水区和调水区不在同一个省份的，由流域管理机构按月对生态补偿资金（包括跨界断面水质考核生态补偿资金、水费抽取资金及需要补足的差额）进行核算，每季度将核算结果向补偿各方政府通报，每年 3～4 月将上年度核算结果和应缴纳总额向中央财政和补偿各方政府通报，补偿主体所在地的地方政府收到上年度生态补偿资金核算结果和应缴纳总额通报后的 20 个工作日内，将应缴纳总额缴入被补偿方的政府财政。逾期不缴纳的，由对方政府上报中央财政，中央财政通过办理上下级结算扣回拖欠款项。

4）补偿资金的筹集及分配

生态补偿机制的实施必然涉及利益的分配和调节。如果调水区不能有效保护水量和水质就意味着丧失潜在收益，而受水区则因水资源短缺导致发展的不可持续。生态补偿制度允许生态系统功能服务受益者对生态系统功能服务提供者进行经济补偿，如果生态服务提供者得到的补偿大于其承受的内部不经济性所致损失，其结果是双方的共同利益增加，是社会总体福利的增加。协调跨流域调水生态补偿中的生态公益和经济公益的冲突，应根据正义的平等自由原则综合考虑两种利益，在承认和保障人类一定时空条件下某一方面利益的同时，增进另一方面利益，以达到总体利益质与量的最大化。跨流域调水承认全体居民的发展的正当性，承认实现经济公益的合理性，并承认经济公益的取得有赖于生态公益，但因生态公益表现形式的特殊性，导致跨流域调水生态补偿中生态公益呈现弱势，因此，应通过对生态公益的适当倾斜，保障生态公益和经济公益的平衡，实现人类整体福利的增益。

（1）生态补偿资金筹集。

①水库型水源地。水库型水源地生态补偿资金的筹集包括断面水质考核、原水水费抽取、对口协作等多方面。跨界水库型水源地主要采取整合国家重点生态功能区转移支付资金和各省专项资金，设立流域生态补偿专项资金。实行各级政府共同出资，社会、市场募集资金等方式，并视财力情况逐步增加。

筹集方式一：水费中抽取。

根据入库断面水质考核资金核算结果，按照考核年份供水规模从供水原水水价中抽取 20%筹集一部分资金，该部分资金由水库水源管理单位筹集。

筹集方式二：受水区政府财政补贴。

除以水费抽取以外，剩余补偿资金由受水区政府财政补足差额。

筹集方式三：对口协作。

受水区政府与汇水区和水库管理单位签订对口协作协议，本着地域统筹、实力与贡献匹配的原则，确定对口协作结对关系。对口协作的重点内容包括大力发展生态经济、促进传统工业升级、加强人力资源开发、加大科技支持力度、深化经贸交流合作、加强生态环保合作和增强公共服务能力等方面。

②河流型水源地。河流型水源地生态补偿资金的筹集主要包括原水水费抽取和对口协作两方面。

筹集方式一：水费中抽取。

按照实际供水规模从供水原水水价中抽取 20%用于生态补偿。

筹集方式二：受水区政府财政补贴。

除以水费抽取以外，剩余补偿资金可由受水区政府财政按照设计供水规模补足差额。

（2）生态补偿资金的分配与使用。

集中式饮用水水源地生态补偿资金通过财政转移支付等方式到达县级财政以后，可考虑按照生态环境保护项目、水源地农户个人直补、管理经费等方式进行补偿资金的分配和使用。其中，生态环境保护项目包括流域水污染防治、饮用水水源地保护、监测站网建设、科学研究等；水源地农户个人直补是指对水源地生态环境保护的利益相关体进行直接经济补偿。可通过当地村委会确定补助对象及金额，通过一卡通直接定期发放到个人账户。同时，个人补助还可考虑村民参加新农保、新农合补助，生产生活等公益性设施补助；管理经费由县政府统筹安排用于负责水源地生态环境保护的单位或组织使用。

第5章　国外跨流域调水管理与立法的实践

采用跨流域调水的方法实现重新分配水资源，缓和或解决缺水地区的迫切需求，在国外也被很多国家所尝试。国外跨流域调水工程的实践大多与国家经济振兴与发展进程密切相关。许多国家包括美国、德国、西班牙、澳大利亚都有规模较大、距离较远的跨流域调水实践，并取得了相对良好的效益。国外跨流域调水工程的运营管理在立法、水权、水价、水资源统一管理、工程建设的投资管理、调水的运营管理模式等方面各有特点又存在共同之处。目前已有的研究成果中不乏系统、全面介绍世界调水工程的总结性成果，本章仅选取国外跨流域调水实践较多或管理经验较为丰富的部分国家的代表性跨流域调水工程为分析对象，注重跨流域调水工程的管理模式、法律保障等方面的经验总结。

本章通过分析国外重大跨流域调水工程的管理与运营过程中涉及的管理、法律等问题，从立法、水权、水价、水资源统一管理及跨流域调水的运营管理模式等方面，总结国外跨流域调水工程运营管理的成功经验，以期为我国跨流域调水工程建立健全的法律保障、制定合理的水价机制、实现水资源的统一管理、优化调水工程的运营管理模式等方面提供有价值的参考。

5.1　美国跨流域调水管理与立法实践

美国东部地区的水资源充沛，西部地区降水量少且时空分布不均。因此调水工程大多分布在西部的 17 个州，目前已建成的有 10 余处，年调水量 200 多亿 m^3。为了解决水资源分布不均的问题，促进西南部地区社会经济的发展，美国自 19 世纪开始兴建一批调水工程。目前，美国已建成跨流域调水工程近 20 项，包括著名的中央河谷工程（Central Valley Project，CVP）、加利福尼亚州水道工程（California State Water Project）、科罗拉多—大汤普森工程、中央犹他工程、中央亚利桑那工程、全美灌溉系统、煎锅—阿肯色河工程、洛杉矶水道工程等（王光谦 等，2009）。这些调水工程的成功建设，给缺水地区的经济发展注入了新的生机和活力，使美国西南部大片荒漠变为绿洲和繁荣的经济高增长区，对美国经济的宏观布局及生产要素和资源的合理配置都起到了重要作用，维系了美国经济的可持续发展（贲克平 等，2000）。而且，针对每个调水工程的情况，联邦和各州政府及议会审时度势地制定一系列相关政策法案来保证工程的顺利进行。其中，位于加利福尼亚州的中央河谷工程和加利福尼亚州水道工程最具代表性，并已运行多年，取得了巨大的经济效益和社会效益。这些效益的取得得益于合理的前期规划和完善的法律系统及行之有效的管理体系。美国跨流域调水工程的特点：分散性的管理体制；调水规划切实可行；重视多目标开发，发挥工程综合效益；政府高度重视跨流域调水工程建设；实行优惠的投资政策；有相应的法律保证；重视工程的运行管理。

5.1.1　美国跨流域调水的主要实践

1. 中央河谷工程

1）工程概况

中央河谷工程是一项远距离、大规模的多目标调水工程，其目的是为了解决中央河谷地区日趋严峻的用水、防洪及环境等问题，将河谷北部萨克拉门托河的多余水量调至南部的圣华金流域。该工程为垦务局所承建的水利项目中最大的调水工程。位于加利福尼亚州的中央河谷包括北部的萨克拉门托河流域和南部的圣华金河流域两大流域（汪秀丽，2004）。中央河谷工程于 1935 年由罗斯福总统授权垦务局兴建，1937 年开工建设，1940 年 6 月部分工程开始首次送水，1982 年大部分工程完工。它包括 20 多座水库，11 座水电站，800 km 输水干渠、管道、隧洞及其他相关设施。估计所规划工程项目竣工后，每年的洪水调蓄能力有望达到 100 亿 m^3。中央河谷工程在萨克拉门托河上游兴建沙斯塔水库，将汛期多余的洪水拦蓄起来，在灌溉季节将水经萨克拉门托河下泄至萨克拉门托—圣华金三角洲，经三角洲横渠过三角洲到南部的特雷西泵站，经该泵站将水分成两股，一股入康特拉—科斯塔渠输水到马丁内斯水库，向旧金山地区供水；另一股通过三角洲门多塔渠流入弗里恩特水库，最后通过弗里恩特—克恩渠把水调向南部更缺水的图莱里湖内陆河流域（王光谦 等，2009）。三角洲横渠、特雷西泵站、三角洲—门多塔渠道是中央河谷工程的关键工程。为了加利福尼亚州长远的发展需要，美国国会还批准了该工程的其他附属项目，并继续由垦务局施工。中央河谷工程对发展河谷地区农业灌溉起到很大作用，对水力发电、城市生活及工业供水、防洪、抵御河口盐水入侵和发展旅游等都有相当大的效益。

2）调度目标与效益

鉴于该工程对加利福尼亚州中央河谷地区经济的发展具有举足轻重的作用，加利福尼亚州及联邦政府立法机构先后为该工程进行了十多次立法。1933 年，加利福尼亚州议会通过了《加利福尼亚州中央河谷工程法案》。该法案批准了通过发售收益偿付债券的方式进行工程建设。但是，由于当时正处于经济大萧条时期，债券并未售出。1935 年，美国政府试图掌控该工程，并颁布了《河流与港口法案》。该法案将工程前期设施的建设任务授权给美国陆军工兵部队。为了提供中央河谷工程前期设施建设的经费，联邦政府于 1935 年又颁布了《应急减灾拨款法案》。1935 年 12 月，经罗斯福总统同意，内务部将该工程的建设权授予垦务局。1937 年，在对《河流与港口法案》进行重新修订后，垦务局正式接管中央河谷工程的建设和运营权，并制定了专门法律条例。根据垦务局的条例，中央河谷工程水库、坝、电站、渠道和其他设施共有 3 个主要目标，按优先等级依次为：对河川径流实施调控，提高防洪和航运条件；提供灌溉和生活用水；发电。1939 年，美国国会颁布了《垦务工程法》，该法案主要就中央河谷工程 40 年期限贷款的提供和偿还事宜做了详细约束。1956 年，国会通过颁布《垦务工程法修正案》，对长期用水户的用水协议进行了约定。1962 年，国会颁布《防洪法》，对新梅洛雷斯（New Melones）坝、希顿（Hidden）坝和布坎南（Buchanan）坝的建设进行了授权，并对工程的鱼类及野生生物保护措施、娱乐设施建设和发电等工程目标做出规定（才惠莲，2009）。同时，为了保护苏森（Suisun）湿地的生态环境，联邦政府于 1979 年颁布《苏森湿地保护与恢复法案》，授权由内务部长负责与加利福尼亚州政府进行磋商，签订关于减小中央河谷工程对苏森湾湿地鱼类和野生资源的负面影响，以及联邦政府在保护工程的建设中应承担的工程费用等事项的协议。此外，联邦政府还颁布了一些中央河谷工程相关设施建设授权的法令，如《奥本—富尔松南部设施授权法案》和《特尼提河河道整治法案》等。根据 1902 年颁布的《垦务法》规定，每个用水户最多只能灌溉约 65 km^2 的土地。为适应现代化农业的经营要求，考虑加利福尼亚州的实际情况，垦务局于 1982 年颁布了《垦务改革法案》，将每个农业用水户允许灌溉面积的上限增加至 389 km^2，并取消了对农场主的户籍限制条件。为了保护生态环境，减小调水工程的负面影响问题，美国前总统乔治·沃克·布什于 1992 年 10 月签署了《中央河谷工程改良法案》，为中央河谷工程确立了新的工程目标和方向。《中央河谷工程改良法案》对以前的工程授权进行了修正，增加了鱼类和野生生物的保护、减小对其不良影响的工程目标，并将该目标放在与灌溉和生活供水同等重要的位置上，将改善鱼类和野生生物生存环境的重要性与发电任务相等同（徐子恺 等，2006）。

2. 加利福尼亚州水道工程

1）工程概况

加利福尼亚州水道工程是美国已建成的最大的调水工程。美国为解决加利福尼亚州中部和南部地区干旱缺水及城市发展需要而建设的 4 项调水工程之一，其部分目标与中央河谷工程相同，并把调水范围延伸到加利福尼亚州南部的洛杉矶地区。调水来源为费瑟河、萨克拉门托河、圣华金河。输水干线长 1 086 km，年调水量为 40 亿 m^3。

为了有效解决水资源供需的矛盾，在经过多年的论证和研究后，加利福尼亚州立法机构于 1951 年正式授权兴建加利福尼亚水道工程。1957 年，奥洛维尔水库的破土动工，拉开了加利福尼亚州水道工程建设的序幕。为了筹集工程建设所需资金，加利福尼亚州议会于 1959 年颁布法案，同意发行 17.5 亿美元债券以兴建加利福尼亚水道工程。加利福尼亚州水道工程北起萨克拉门托河左岸支流费瑟河，在费瑟河上筑坝引水，利用奥洛维尔（Oroville）水库调节，水流沿费瑟河和萨克拉门托河流向萨克拉门托—圣华金河的三角洲。通过在三角洲地区及沿程修建提水泵站，将费瑟河、萨克拉门托河及圣华金河富余的水量调往旧金山湾及加利福尼亚州南部地区。加利福尼亚州水道工程的储水、提水、输水、配水及动力系统由 29 座大坝及水库、17 座泵站、10 座电站（其中一座为地热电站）、1 086 km 水道及其他辅助设施组成。该工程共分两期建设，其中一期工程于 1973 年完工，包括 18 座水库、15 座泵站、5 座电站和 870 km 水道（李运辉，2002）；根据最新的工程计划，二期工程预计将于 2020 年左右完工。二期工程完工后，调水规模有望达到 52 亿 m^3/a，其中 60%用于加利福尼亚州南部（王光谦 等，2009）。除保证城市工业用水外，该工程还具有防洪、灌溉、水力发电及旅游等综合效益。此外，加利福尼亚州水道工程与中央河谷工程组成一对相辅相成的配套工程，共同把加利福尼亚州北部丰富的水资源调往南部缺水地区，以解决南部的水资源短缺问题。工程示意图见图 5.1。

2）管理模式

由于加利福尼亚州水道工程是一项由加利福尼亚州政府全权负责的调水工程，工程相关法律也都由州立法机构制定。加利福尼亚州议会于 1951 年通过加利福尼亚州水道工程的规划方案。出于加利福尼亚州水道工程建设和管理的需要，加利福尼亚州州长于 1956 年签署《温柏格议案》，专门组建了加利福尼亚州水资源部（Department Of Water Resource，DWR）。除了该工程的建设和管理任务外，机构还承担加利福尼亚州水资源的开发和保护任务。1959 年，加利福尼亚州议会颁布了《Burns-Porter》，同意发行 17.5 亿美元债券以筹集加利福尼亚州水道工程建设所需资金。1960 年，该法案获得投票通过，正式批准兴建加利福尼亚州水道工程。根据该法案，州政府与当时 29 个地方水务局签订供水合同和还款合同，17.5 亿美元的债务，由各地方水利局上缴的水费偿还。各地方水利局再把水出售给下一级用水单位，收取的费用除了偿还债务，余额部分继续用于调水工程的建设、运行和服务（才惠莲，2018）。1966 年与 1989 年，加利福尼亚州议会分别通过了第 12 号

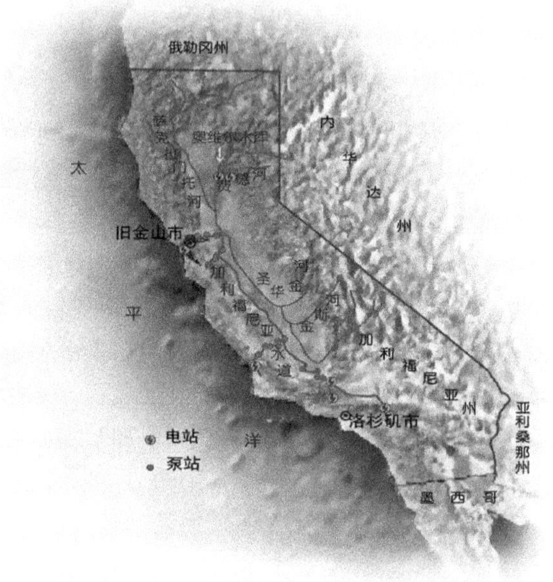

图 5.1　美国加利福尼亚州水道工程图

议案和第 1442 号议案，为娱乐设施、鱼类及野生生物保护工程的建设进行拨款（徐子恺等，2006）。

1991 年加利福尼亚州历经 5 年干旱之后，州政府主导设立“水银行”，“水银行”的实施始终伴随其调水工程建设。“水银行”是一个中介机构，当调水量不能满足受水区的用水需求时，它负责联系水资源的卖方与买方，负责购买自愿售水用户的富余水，然后卖给急需用水的其他用户（才惠莲，2009）。加利福尼亚州政府制定了保障“水银行”水权交易顺利进行的有关政策、法规，《加利福尼亚州水法令》授权给州水资源管理委员会管理水权，发放地表水用水许可证，并协同州水资源局负责防止浪费和不合理用水；委员会还协助州法院处理有关水权问题的诉讼。《加利福尼亚调水项目法令》《水合同》对水权交易可能给第三者造成经济、生活质量、生态环境等负面影响予以修正。

加利福尼亚州水道工程的运营管理单位实行企业化管理，按照规范的公司体制要求，成立了调水有限责任公司，工程建设管理体制框架为：一般干线成立由国家控股，地方、用水户参与的有限责任公司，负责干线主体的建设与管理；国家授权水利机构或国有资产运营管理公司作为中央政府的出资责任代表。此外，成立地方的供水公司，负责配套工程的建设与管理。供水企业和用水户之间是供水和用水的关系。这样就有利于理顺企业与出资人的经济关系、产权清晰、职责明确，从而实现企业的完全自主经营。

5.1.2　美国跨流域调水管理经验

与立法同等重要的是对跨流域调水的管理。美国跨流域调水的管理并非单纯意义上的工程管理，而是一项涉及法律、经济、社会等诸多方面的系统管理，其中法律手段是管理的核心与依据，它是有效实施其他各种管理措施的保障。以下将重点阐述美国跨流域调水的管理体制及其管理特点。

1. 管理体制

美国对跨流域调水工程的管理是一种分散性的管理体制，美国跨流域调水工程管理体系结构图见图 5.2。联邦政府、州政府、地方政府及私人企业均可以根据有关的法律和法规承担各自的责任，不同程度地参与水资源的开发和管理工作（吴畏，1988）。联邦一级的管理机构主要有垦务局、陆军工程师团、水土保持局和田纳西流域管理局 4 个单位。这几个机构都各自按照联邦政府或国会授权的职责，对本系统的工程规划、设计、施工和运行管理，一管到底，自成体系。由联邦贷款的地方项目，则由地方组织管理，其管理原则是“谁建谁管，联合建的联合管”。美国州一级政府的权力很大，中央一级没有统一的水管理机构。美国已建的调水工程都是州内调水工程，各州都有自己的立法权，联邦政府对这些调水工程的管理基本上没有控制权，只能在一定范围内参与。

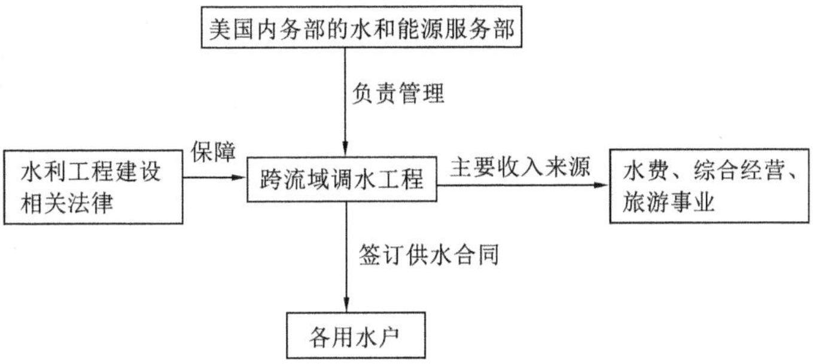

图 5.2　美国跨流域调水工程管理体系（李学森，2009）

美国跨流域调水工程的投资渠道很多，一般均需还本付息。水费和综合经营是工程的主要收入来源。水价与供水保证率成正比，保证率高，水价也高。调水工程的供水口门均设有量水装置，水费按实际的供水量收取。在调水工程开始兴建时，工程承建部门与用户签订供水合同，按合同供水。

例如中央河谷工程，垦务局负责兴建该工程，其资金来源于美国国会。垦务局作为一个经济实体，负责联邦投资的使用和偿还，中央河谷工程建设资金的偿还主要来自垦务局为用水承包商的服务收入。工程的最大受益者——水和电的用户，要偿还已核准的工程投资的 85%，加利福尼亚州政府偿还 3%，地方政府偿还 1%，联邦政府偿还 11%（主要是防洪、航运等国家利益）。

“以电养水，水电结合”是工程运行的长期方针。美国西部的调水工程需要抽水，而且扬程高、耗电多，是个用电大户。于是自建火电厂供电，并尽量利用渠道跃水落差兴建小水电以回收一部分电能，其后逐渐扩大发电装置，增建抽水蓄能电站、热电站及核电站，除自己调水用电外，还向电网售电。同时，利用调水工程的有利条件，大力发展旅游事业和综合经营，也取得了显著的经济效益和社会效益，使大多数调水工程的效益超过其投资。

2. 管理特点

除管理体制呈现分散性特点之外，美国跨流域调水的管理还呈现出了如下特点。

（1）调水规划切实可行。美国法律规定水权分为河岸权和优先使用权。河岸权原则规定：邻近某一水体的土地有权利用该水体中的水。河岸权所有者的用水权利是完全平等的。水权与土地是不可分离的。优先使用权原则规定：占用水时间越早的用户其水权等级越高。优先占用权并不只限于那些与河流或湖泊为邻的土地。按美国水权规定，水的使用权属于邻近水体的土地占有者，因此，美国各州享有水权的行政管理权，即美国河流的主要管辖者为州政府。但美国宪法赋予联邦政府有权控制和开发国家河流，在水资源开发中联邦政府占有主导地位。由于美国的水权归州政府所有，为了维护本州利益，许多州允许兴建州内调水工程，但一般禁止调水出境。由此，美国的调水规划十分重视受水区与调水区的利害关系。对调出水量的多少要进行充分的科学论证，提出相应补偿措施，并达成协议，经有关权力机关批准方可实施（吴畏，1988）。

（2）重视多目标开发，发挥工程综合效益。美国的调水工程大都是由大坝、水库、水电站、泵站等组成的工程系统。工程建设除以供水为主要目标外，还兼有防洪、发电、环保、旅游、鱼类及野生动植物保护等功能（王光谦　等，2009）。因此，在运行过程中往往可取得良好的经济效益和社会效益。

（3）政府高度重视跨流域调水工程的建设。美国在跨流域调水工程的建设上有很强的政府行为。几乎所有的跨流域调水工程都由联邦政府和州政府统一组织建设，并负责工程的运行管理（顾敏，2006）。社会团体和个人可参与工程集资，但不允许直接建设和管理。这样确保了水资源合理利用和优化配置。

（4）实行优惠的投资政策。调水工程经济、社会、环境等效益好，但财务效益相对较差。对这类基础设施工程美国政府在建设投资上给予很多优惠政策。如防洪、航运等方面分摊的投资由政府拨款，灌溉、发电、供水等实行无息或低息贷款。另外，政府和国会（州议会）还根据需要，授权工程设部门发行各类债券筹集建设资金，以及通过征收受益区和受益行业调水建设基金等形式筹集建设资金。

（5）跨流域调水有相应的法律保证。在美国兴建跨流域调水工程都要经过国会或州立法机构的批准，且必须按批准的计划实施。经批准的规划具有很强的法律约束力，每建一个工程，一般都有一部相应的具体法案，规范包括工程立项、投资、建设到运行管理及投资偿还等全过程（徐元明，1997）。有效的立法和严格依法办事是美国跨流域调水工程建设与管理获得成功的保证。

（6）重视工程的运行管理。美国是一个十分重视管理的国家，对跨流域调水工程也不例外。采取合理的管理体制、现代化的管理设备，配以高素质的管理人员，不断提高管理水平，确保工程目标的实现（沈莹　等，2015）。美国经验表明，对工程系统实行集中统一调度有很多优越性。实现自动化集中控制、统一调度是实现调水工程的目标、充分发挥工程效益的主要举措，同时也是节水、节能、优化调度的前提条件。

5.1.3　美国跨流域调水面临的挑战

第一，生态问题。美国很多跨流域调水工程在带来巨大经济效益的同时，也引发了严重的生态问题。工程的建设不仅使得部分水质恶化，影响水生生物，还对周围的环境造成了严重的破坏（黄德林 等，2011）。为此，美国加大了环保投入，采取了多种环保措施，还颁布了法令以改善环境。

第二，调水灌溉的经济效益低。美国对调水反映最强烈的往往是气候干旱和灌溉农作物发达的地区，也是最耗水的地区。然而，那里往往种植廉价的农作物，每年收入低下。这就造成了花费的调水费用得不到偿还的现象。

第三，水价问题。以加利福尼亚州为例，加利福尼亚州的水费是基本价加上运行费，其中基本价是固定的。加利福尼亚州调水工程的设施分为蓄水设施和输水设施。因此征收水费也分为三角洲水费和输水水费。三角洲水费是利用蓄水设施所需支付的水费，单位三角洲水费对所有的用水合同户是相同的。输水水费是利用输水设施所支付的费用，各段不同，越往下游水流经过泵站越多，电力消耗越多，水费也就越高。到工程末端，几乎无农业用水，因为农场主承受不了如此高的水价。而加利福尼亚州调水工程的水费没有考虑农场主的承受力，完全按合同执行，使得很多农场主用水困难（杨立信，2003）。

5.1.4　美国跨流域调水立法体系与主要法律制度

1. 立法体系

美国联邦政府没有制定统一的水资源管理法律，管理行为以州立法和州际协议为准绳。对于跨流域调水工程的建设和管理，联邦级的跨流域调水工程主要是通过联邦保留权或联邦特权与州政府协商达成，此外联邦政府可以协调、监督执行跨州级调水工程（曹波，1997）。由于联邦政府没有统一的水资源管理法律，联邦级的跨流域调水工程管理通常需要制定专门的立法。美国以州内跨流域调水工程居多，许多州都制定了专门的跨流域调水管理法令，对州内跨流域调水进行统一管理，联邦政府对这些调水工程的管理基本上没有控制权。但是这并不意味着联邦政府不能介入管理，根据宪法，联邦政府负责制定水资源管理的总体政策和规章，由州负责实施。州政府必须遵循联邦政府制定的法律文件和政策，主要包括《清洁水计划》《安全饮用水法》《濒危物种法》等法律及日最大负荷总量限制、水质管理规划、非点源控制计划、公众参与政策等一系列重要的政策措施，州政府也可以据此制定更加严格的法律文件和政策（刘强 等，2011）。

美国联邦级别的跨流域调水管理法令是针对单项调水工程，很具有针对性，可以为我国未来针对单项调水工程立法提供参考。与之不同的是，各州政府制定的跨流域调水法令具有普遍性，对我国国家及地方层面的跨流域调水管理办法的制定具有很高的参考价值。美国的许多州已经颁布了跨流域调水法规，规定跨流域调水必须得到州颁发的许可证。虽然每个州颁发许可证的依据有所不同，但都需要保证跨流域调水与公众利益一致。在已经进行这项工作的东部 5 个州中，有 4 个州位于东南部，即佛罗里达州、佐治亚州、肯塔基州和南卡罗来纳州。其中，南卡罗来纳州的跨流域调水法规被公认为是最全面的。

目前美国的跨流域调水工程主要是州内跨流域调水工程，因而各州制定了自己的跨流域调水法令，作为州内实施跨流域调水工程的依据。美国联邦制定的跨流域调水推荐法案报告对各州立法具有指导作用。除各州的综合性立法以外，针对具体的跨流域调水工程，一般都有专项立法进行规制。

2. 美国跨流域调水推荐法案报告主要内容

美国 3 个委员会机构，包括联邦委员会、国家专业组织机构、佐治亚州委员会，先后发布了跨流域调水法案报告，旨在对美国各州在制定跨流域调水法案过程中参考借鉴相关内容。这些推荐的报告包括：1973 年的国家水资源委员会法案报告；美国土木工程师学会（The American Society of Civil Engineers，ASCE）水管理标准委员会 ASCE/EWRI40—03 标准；河岸水管理准则；2002 年佐治亚联合学术委员会法案报告（Dellapenna，1997）。

2002 年，"佐治亚联合大会"建立了佐治亚联合水计划综合研究委员会（Georgia Joint Comprehensive Water Plan Study Committee，JSC），联合大会委托 JSC 编制推荐规范。JSC 在"佐治亚法"当中推荐了许多跨流域调水管理政策，建议佐治亚采取的基本政策是"通过对跨流域调水的管理实现保护调水区和受水区流域的合理用水需求"。

JSC 推荐法案主要内容可归纳为：提出了跨流域调水实施需要考虑的众多影响因素，特别针对调水区影响评价和保护提出了大量需要考虑的因素；工程的实施需要与各地政府机构进行协商；所有受到跨流域调水影响的其他流域都必须有决策过程的发言权；将地表水与地下水之间的相互关系作为评价的内容之一；指出对调水区流域的累积影响是一项很重要的影响评价因素；建议跨流域调水范围不能超过 2 个县，"除非满足非常严格管理要求，这样的跨流域调水是临时性的或短期的"；跨流域调水工程的审批部门在特殊情况下（如干旱）应具有要求业主单位减少调水甚至停止调水的权利；调水工程未消耗的水量，经可行性分析，需要返还到调水区流域；接受跨流域调水的用水户应实施节水措施，并且需要证明没有其他更好的替代措施（刘强 等，2011）。此外，JSC 还提出声明：在跨流域调水的新建或改（扩）建申请过程中，有关部门应同时考虑调水区和受水区现状及未来的水资源需求，并全面考虑调水对调水区的社区可能造成的影响，包括环境影响、社会影响、经济损失，以及财产贬值、人口下降等。

美国国家水资源委员会提供美国长远水问题发展规划，1973 年的报告涉及跨流域调水评价的有关内容，提出调水应重点关注其特定的经济目标，评价跨流域调水是否是最小成本的水供应措施；评价水资源的使用价值在受水区是否超出了调水区的使用价值。在调水区保护方面，报告更加关注社区的需求评价，而对于个人的影响评价较少。同时要求调水要与未来水资源发展需求相联系，建立未来水资源发展需求的保护措施。

ASCE 在 1997 年发布了河岸水管理准则报告，该报告的目的是促进各州政府立法并采纳该标准以解决竞争性用水中的水权分配和其他用水冲突。ASCE 河岸水管理准则建议采用政策措施，通过制定跨流域调水规则来保护调水区流域合理用水需求，除发放取水许可证以满足通常的要求以外，针对跨流域调水还应制定专门的标准。

3. 美国各州跨流域调水法令的内容

1）基本内容

由于推荐法案报告对跨流域调水管理的指导作用（特别是 JSC 推荐法令），美国各州制定的跨流域调水法令内容大体上是一致的。通过分析美国东部 5 个州，特别是南卡罗来纳州与田纳西州跨流域调水法令，可知它们的基本内容分为以下 9 个方面。

（1）公众参与。提供利益相关者参与跨流域调水审批的一系列程序和制度安排。例如公告的发布形式、程序、内容、时间，以及公众参与的手段、方式等内容。

（2）许可审查。在美国各州制定的跨流域调水法令当中，都制定了一系列的标准作为审查机关审批的参考依据。除此之外，审查机关还需要综合考虑公共机构、受影响人群和公众提供的意见及审批机关对调水工程的质询成果，才能最终决定是否应当批准项目的许可申请。美国有专门的跨流域调水评价机制，该机制类似于环境影响评价，并且还通过立法来保证该评价机制具有足够的资金保障。通常的评价方式是由受水方资助，通过州政府或没有利害关系的第三方进行评价（Draper，2004）。

（3）业主单位应遵循的有关规定。当水源流域的瞬时流量值等于或小于特定值时，应按审批部门的要求减少或停止调水；应遵循流量监测设备的安装、维护和应用等有关要求；应建立调水活动的报告机制；应遵循政府紧急需求条件下的调水调整；审批机关依照有关规定可修改、暂扣或吊销调水许可等。

（4）许可管理。跨流域调水管理均需颁发许可证，由州政府指定的部门进行审批和管理。主要包括许可申请、许可变更、许可暂停或废除、许可更新、许可转移。此外还包括许可的其他一些规范或说明规定，包括许可标准、许可说明、许可时限等。

（5）听证会。明确听证会的组织方式、程序及费用等相关内容。通常听证会在两种情况下举行：①任何个体或团体认为批准或否决某项调水许可会损害自己的利益，都有权在许可决定前，向有关机构提出书面申请参加听证会；②许可证在变更、暂停、废除过程中，将给持证人一次听证的权利。

（6）强制措施和处罚。美国各州对违反调水有关规定的处罚都非常严厉。例如，田纳西州对于违反有关规定的持证人以每天每条违反行为 10 000 美元的处罚。

（7）年度评审。检查持证人的历史引水或抽水记录，以确定是否额外增加了调水量。并且可以建立专门的组织形式进行年度评审。

（8）补偿机制。财政补偿，即受水区作为受益方对调水区的经济补偿。补偿的种类有多种，一种补偿方式是支付给专门机构，补偿包括由调水造成的直接财政损失，以及由水量损失而引起的其他成本费用，例如为达到“总最大日负载”（total maximum daily loads，TMDL）标准的项目投入成本等。得克萨斯州议会提出的一项倡议每年付给州跨流域调水专款。另一种补偿方法是共享受水方经济收益，通过股份比例支付。美国生态补偿标准是政府借助竞标机制和遵循责任主体自愿原则，确定与各地自然和经济条件相适应的租金率，这种方式是责任主体与政府博弈的结果，具体考虑生态保护者投入及机会成本的损失、生态环境受益者经济利益、生态破坏成本及生态系统服务价值四个要素（才惠莲，2014）。

（9）调水法令涉及的其他一些程序或管理措施，例如对许可申请书应包含的相关信息、许可申请费、利益损害方的法律诉讼等内容。

2）重点内容

美国各州跨流域调水法令的内容覆盖面很广，包括了水资源保护与评价、公示及公众参与机制、听证机制、处罚措施、监督审查措施及许可管理程序等内容。其中调水区保护及评价、公示及公众参与机制为各州立法的重点内容。

调水区保护及评价：美国各州颁布的跨流域调水法令及学术委员会推荐法令报告当中都重点强调了水资源保护及评价的有关内容，并制定了清单列表，作为各州颁布许可的评审标准之一，可分为以下几个方面。

（1）调水区评价。主要内容包括：①调水区流量评价，特别是枯水期流量评价；②水质情况评价；③现状及未来水资源利用影响评价；④对生态、环境、娱乐及美学的影响评价；⑤应对紧急情况（如干旱）的有效性评价；⑥返水方案可行性评价；⑦地表水与地下水的联系及调水影响评价；⑧州际间用水影响评价。

（2）调水工程及受水区评价。主要包括：①用水需求评价；②调水的性质评价；③调水影响评价（主要为收益评价）；④申请人保障许可要求的能力评价；⑤水资源节约与保护评价。

（3）调水限制条件。主要包括：①调水不得对公众健康及福利产生不利影响；②制定调水最大流量限额，如南卡罗来纳州要求调水量不得大于7天或10年最低流量的5%或每天100万加仑水量（以少者为准）；③调水距离限制，如JSC推荐法令规定跨流域调水不得超过2个相邻的县；④必须满足相应规范或标准体系的有关要求，如调水不得改变水等级标准体系规则，不得改变调水区水质标准，禁止新建不能满足“清洁水计划”中“日最大承载能力”的跨流域调水项目，当调水区流域河道流量小于州政府规定的最小流量标准时停止调水等。

公示及公众参与机制：审批部门收到跨流域调水申请后需要发布公告，以方便公众参与，并将经批准的公告发布给感兴趣的群体或个人。跨流域调水申请人将按照流程发布公告：①在调水区流域每个可能受到影响的社区的公开发行的报纸上，每周刊登一次，连续刊登4周；②以挂号信的形式，向任何可能受影响的社区官员或用水户寄送通知，并要求收到回复；③在调水区流域内每个可能受影响的社区，至少在公共建筑上张贴三份公告，这些公共建筑包括法院（政府大楼）、图书馆、市政厅等。

在征求意见阶段，任何认为自己可能受影响的个体或团体都可以向委员会提出意见，说明自己可能会受到影响的原因，提出个人认为应当采取的措施，以及否决或通过该申请的条件等。收到这些意见后，委员会针对该许可申请安排一次公众听证会，听证会的通知至少在召开前30天向公众发布。

5.1.5　美国跨流域调水管理与立法的主要经验

综合美国各州跨流域调水立法、单项跨流域调水工程立法，以及与跨流域调水相关的立法可知，美国的跨流域调水立法呈现出一些特点。美国是一个高度市场化的国家，跨流域调水立法积极促进水权的交易。但是，由于水权的公共物品属性及跨流域调水问题的复杂性，立法上明显加强了政府的干预，致力于保障整个国家的用水安全，保护生态环境。具体来看，美国跨流域调水立法的特点如下。

1. 促进跨流域调水的水权交易

美国跨流域调水通过水资源调度模型进行适时调度，以满足用户需求，这个调度系统运行的基础就是市场化管理，从调水工程的建设到调水区域内水资源的配置，及其融资、供求等都是有偿进行的。由于美国很早便以法律的形式明确了水权及水权交易制度，跨流域调水中水权制度被广泛应用（王小军，2008）。

在加利福尼亚州，水法汇编于《加利福尼亚州法典》第 23 辑之中，规定所有的水属于州所有，水权本质上只是一种财产权，与水的所有权无关。使用水资源应按规定缴纳水费或水资源费，由州指定的单位或机构收取。水权转让主体只需办理有关手续，缴纳相应费用，即可买进水权或出售多余的水权。具体地说，加利福尼亚州通过“水银行”制度，来进行跨流域调水管理的水权交易，合理优化调水资源分配。“水银行”根据受水区水文水资源状况的年度、季度分析及预测，通过整合调水工程管理部门的职能，联系水量节余与水量不足的用水户并充当其水权流转的媒介，它将每年来水量按水权分成若干份，以股份制形式对水权进行管理。水权节余者存储剩余的水权，从中获取收益；需水者支付一定资金购买水权，满足用水需求。通过“水银行”这一市场化的运作机制，激发用水户的节水潜力，发挥用水户参与的积极性与主动性，实现不同地区间用水户水权流转的目的，促进受水区水资源的合理再分配（魏加华 等，2006）。1991 年，45 天内水银行竞买到了 10 亿 m^3 的水，其买入价为 10 美分/m^3，卖出价是 14 美分/m^3（李可可 等，2004）。“水银行”制度赋予了用水户真正意义上的水资源使用权，在法律允许的条件下可以转让与买卖，甚至还可以享受水银行为用水户提供的其他形式的创新服务，是一种新的市场化管理方式。

2. 加强政府在跨流域调水中的作用

美国所有的调水工程都由联邦政府和各州政府统一组织建设，并负责工程的运行管理。在跨流域调水的管理体制方面，联邦政府没有统一的水管理机构，垦务局、陆军工程师兵团、水资源委员会和田纳西流域管理局 4 个单位可以由联邦政府或国会授权对本系统的工程规划、设计、施工和运行进行管理。州政府可以从社会团体、个人和其他经济实体集资用于水利工程建设，但不允许私人直接建设和管理大型水利工程。根据加利福尼亚州法律的规定，州内的所有水是州人民的财产，州政府是水资源的公共托管人，州政府、地方政府及私人企业均不同程度地参与水资源开发和管理工作。这些机构各司其职，分工负责（才惠莲，2014）。

跨流域调水工程建设的资金保障主要有两个方面：一是联邦政府提供拨款和长期低息贷款；二是发行建设债券，这是美国长距离调水工程的主要集资方式之一，购买此类债券所得收入免交各种税费。美国政府对这类工程在基建投资安排上给予的优惠，是保证工程立项审批、施工建设顺利进行和正常管理运行的重要因素之一。

在美国跨流域调水的水权交易过程中，政府一方面明确规定水权份额、水权转让范围、价格，水权优先顺序等，为跨流域调水之水权交易提供法律基础（塔洛克 等，2006）。另一方面，政府还通过行政干预，保证交易的顺利实施。“水银行”制度正是由政府主导的，政府控制水银行中一定数量的水资源，成功用活了市场机制实现水资源配置，干旱时期加利福尼亚州水银行制定了优先分配水原则，即把水分配给最需要水的机构，很好地解决了加利福尼亚州水资源紧张问题。

3. 重视跨流域调水的生态环境保护

跨流域调水不仅是巨大的水利工程，还是十分复杂的生态系统工程，美国政府十分重视在调水过程中通过颁布法律以保护生态环境。在中央河谷工程中，1979 年颁布的《苏森湿地保护与恢复法案》与 1992 年颁布的《中央河谷工程改良法案》，增加了鱼类和野生生物的保护，使改善鱼类和野生生物生存环境的重要性与发电任务相等同（黄德林 等，2011）。

1991 年，加利福尼亚州对水法进行了修订，生态水权的有益用水包括：改善湿地生态条件、丰富鱼类和野生生物资源、满足水上娱乐需求和保持水质。只要水权属于合法转换而来，任何“人”包括自然人和法人均可以持有生态用水权。“一项新的水权申请获得批准时，州水管部门必须通知州垂钓和渔业部，因为该机构有权确定河流的必要水量以保护河流中的鱼类和其他野生生物并满足水上娱乐的需要。水管部门应参考垂钓和渔业部的建议，最终决定在颁发的水权许可中附加的取水条件或水资源保护要求。”1992 年，加利福尼亚州议会发布了规范水权交易的法令，内容包括：建立管理第三者环境影响效果的机制；水权交易时，除合约所定的水量外，要求留存环境生态用水。

除此之外，美国与调水有关的法律如《州水资源分配法》《水质法》《土地使用法》《河道流量保护法》《联邦垦务法》等。这些法律均服从“无侵害规则”，即任何一个调水工程都不能改变河流原有的使用状况，或不能损害其他水权持有者以及公众的利益，否则，调水将会遭到否决。

5.2 澳大利亚跨流域调水管理与立法实践

澳大利亚位于南半球，四面临海，国土面积 768 万 km^2，全境年平均降水仅有 470 mm，是世界上降水量较少的地区；加之气候干旱，且蒸发量大，因此又是一个水资源相对短缺的国家。为解决内陆的干旱缺水问题，澳大利亚在 1949～1975 年修建了第一个调水工程

——雪山工程。该工程位于澳大利亚东南部，通过大坝水库和山涧隧道网，从雪山山脉的东坡建库蓄水，将东坡斯诺伊河的一部分多余水量引向西坡的需水地区。沿途利用落差（总落差 760 m）发电供应首都堪培拉及墨尔本、悉尼等城市（贲克平，2005）。

现行的澳大利亚调整水资源管理的立法主要由联邦政府和各州的立法两部分组成。其中联邦的调整水资源利用与管理立法主要包括联邦政府的 1989 年的水法案（Water Act）以及 2007 年的水资源法案（Water Resource Act），各州调整水资源利用与管理的立法主要有主要包括各州政府的水议案（Water Bill）。

在调整跨流域调水方面，澳大利亚的跨流域调水工程立法模式是一事一立，即没有全国统一的或者专门的跨流域调水立法、指南和法令，而是各个流域自己单独立法，其管理主要依据联邦政府与相关州达成的协议。在澳大利亚联邦政府有征税权和财权，地方政府虽有事权，但是由于没有财权，事项需要上报，联邦政府据此控制州政府，所以协议一般都是州与联邦政府或各州之间签订的。

5.2.1　澳大利亚主要跨流域调水工程

1. 澳大利亚雪山工程概况

雪山工程（Snowy Mountains Scheme）是世界上最复杂的大型水电工程之一，是澳大利亚跨州界、跨流域水力发电和农业灌溉相互补偿调节的水库群和水电站群工程，该工程跨越了墨累河流域、马兰比吉流域、雪河流域。雪山工程于 1949 年开工建设，从 1955 年开始就有单项工程投入运行，1974 年全部竣工投运，工期 25 年，投资约 8 亿美元。工程包括 16 座水库，总库容约 84.7 亿 m^3，有效库容 69.1 m^3；12 条隧洞，总长约 145 km；7 座水电站，总装机容量 3 756 MW，其中 2 座地下式，1 座抽水蓄能式电站和 1 座抽水泵站以及 80 km 长的输水渠（管），330 kV 的输电线路将“雪山工程”水电站与新南威尔士州和首都地区的电力系统连接起来。工程总覆盖范围约 3 200 km^2（焦赫森 等，1983）。

雪山工程的供水对象全部位于墨累–达令河流域。该工程是在雪山山脉的东西坡建库引水，并用 2 隧洞将东坡斯诺伊河（Snowy River）的水分别引向西坡的墨累河（Murray River）和马兰比吉河（Murrumbidgee River）中。调水系统由 1 座多年调节的主水库——尤坎本（Eucumbene）水库和南北 2 条引水支流组成：北支为雪河—蒂莫特河（Tumut River 马兰比吉河支流）跨流域双向引水工程，南支为斯诺伊—墨累河跨流域双向引水工程，这 2 条引水支流通过水库和隧洞连成一体，成为统一的调水系统。

墨累河上游以东的雪河流域内主要河流位于澳大利亚东南部大分水岭的东侧，包括向东南流入南太平洋的雪河及其向东北流的支流尤坎本河，年降水量 500～3 810 mm，其源流大部分来自高山区域的积雪，该地区气温较低，蒸发损失较小，利于雪山蓄水，年平均径流深 580 mm，高原山顶高达 3 700 mm。这些因素为雪山工程提供了有利条件。

自布劳宁水库与休姆水库建成后，墨累–达令河流域委员会（Murray-Darling Basin Commission，MDBC）成立了一个雪山电力公司，统管布劳宁水库和休姆水库以上（不含此二库）的各个梯级电站和水库的运行，除按条约规定的比例将斯诺伊河的水分送给墨累河与马兰比吉河外，它的调度完全取决于电网的需要。墨累河上、中游河段是新南威尔士州与维多利亚州的界河，分往南澳大利亚州的水也主要由这里通过。该委员会严格监督上游两个州各用户的引水量不得超限，保证将规定的水量送到下游的南澳大利亚州境内。

2. 管理模式

由于雪山工程是跨新南威尔士州和维多利亚州的调水工程，且雪山工程的供水对象全部位于墨累–达令河流域，雪山工程调水管理主要依据《墨累–达令河流域法》（Murray-Darling Basin Act）及联邦政府和新南威尔士州、维多利亚州达成的《墨累–达令河流域协议》（Murray-Darling Basin Agreement）。在《墨累–达令河流域法》中包含了协议（联邦政府、新南威尔士州及维多利亚州协议）的相关内容（"雪山方案"作为流域法的附件），墨累–达令河流域委员会为雪山工程水源调度与供水调度的最高权力机构。

《墨累–达令河流域法》是经过立法议会同意，由联邦政府颁布实施的。最初制定于1993年，后经历了2000年、2003年、2004年和2008年4次修订（Federal Register of Legislation，1993）。《墨累–达令河流域协议》取代了 1915 年以来的墨累河水域的协议，《墨累–达令河流域协议》规定了综合管理墨累–达令河流域的实体性问题与程序性问题，2008年水法修正案将修订后的协议作为一个附件（Federal Register of Legislation，2005）。

澳大利亚为雪山工程建立了部长级理事会、社区咨询委员会与执行委员会三个层次的管理机构。这些管理机构具有很高的权威，又能够使公众的意愿得以反映，办事效率也很高。在雪山工程的具体建设和运营中，澳大利亚成立了雪山管理委员会和雪山工程管理局（2002 年改组后的股份有限公司）两个机构。理事会是最高决策机构，并具有绝对的权威，其所做出的决定各州都要执行。部长级理事会由各个州和联邦政府的部长级官员组成，每个州出三个人，分别是水利部门、土地管理部门和环境保护部门的部长。流域委员会是部级理事会的执行机构，主席由部级理事会指派，通常由持中立态度的大学教授担任。雪山工程整个系统跨越几个州，但供水对象全在墨累－达令河流域，因此管理的最高权力机构为墨累–达令河流域委员会（王光谦 等，2009；Federal Register of Legislation，2005）。委员会是一个独立机构，它既要对各州政府负责，但又不是任何一个州政府的法定机构。其职能由流域管理协议规定，其主要职责包括有权决定斯诺伊河向墨累河与马兰比吉河分水的流量，负责墨累河上各节制闸、各主要分水闸的调度；有权监督界河上各用水户的取水量；对水事纠纷进行调解；制定流域内有关的跨流域调水条令和制度；向部级理事会就流域自然资源管理提供咨询意见；实施资源管理策略，包括提供资金和框架性文件。

社区咨询委员会是部级理事会的咨询协调机构，由各主要支流地区推举一人组成。该委员会负责反映地方意见，进行流域委员会与社区之间的双向沟通；广泛收集各方面的意见，进行调查研究，并就一些决策问题提供咨询并进行评议；保证各方面的信息交流，及时发布最新的研究成果。该委员会加强了公众与负责工程调度的最高权力机构之间的联系，发挥了积极作用（黄江疆，2008）。执行委员会是墨累–达令河流域委员会的常设机构，主要由技术专家组成，负责流域管理的日常工作。执行委员会 40 余人。他们主要依靠各个州政府的水土资源管理机构进行流域管理。

墨累–达令河流域管理机构设置见图 5.3。

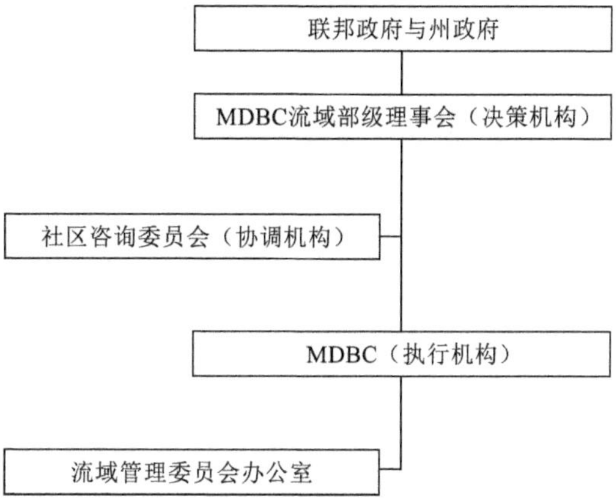

图 5.3　墨累–达令河流域管理机构设置（夏军 等，2009）

雪山工程管理局是雪山工程的建设单位（1949 年）；工程的运营管理单位为雪山管理委员会（1974 年）和雪山工程管理局（2002 年改组后的股份有限公司）（段潇潇和范雨晴，2012）。

在水资源管理方面，由于涉及防洪、供水安全和生态环境等问题，经过近百年的探索，欧洲和北美各国几乎采用了本质相同的管理模式：以水文流域为单元（如流域管理委员会、流域管理局、流域性公司等），代表政府在流域行使水资源统一管理的行政职能。通过政府直接参与水资源开发利用与管理，取得了很大的社会效益和经济效益。澳大利亚也不例外，雪山工程由雪山工程管理局（Snowy Mountains Authority）负责工程的详细调查、设计与施工。工程竣工后，由雪山水利有限公司（Snowy hydro Limited）负责运行管理。该公司将跨流域调水工程所拥有的能源进行市场化交叉管理，体现了市场化运作的特色和创新。每年向公众公布年度财务报告和供水价格测算结果，宣传水知识和有关信息，以便公众能真正参与管理。

对于各用水户，不论是从河道取水，还是从渠道取水，均实行严格的取水许可证制度。管理机构直接对各用水户的取水进行计量、收费。取水许可证规定了用户平均年取水总量、用户取水设备的能力及供水的保证程度。供水保证程度分为多个级别，低级保证率的用水户的取水完全受调度中心的控制，一般只有当较高级别的用水户得以满足，且保证河道最低流量的前提下，才向其供水；高级保证率的用水户在其水量配额与取水设备的能力范围内，可以根据需要自由取水。最低保证度与最高保证度的供水水价相差 40 倍。管理机构正是通过这一手段，鼓励各用水户修建自己的调蓄水库，鼓励用水户蓄丰补枯。

5.2.2　澳大利亚主要跨流域调水的法律制度

澳大利亚以州为主，对水资源采取联邦、州、地方三级管理的架构；同时实行流域管理与行政区域管理相结合的体制，水资源（包括地下水）、水体环境、水权市场进行全面治理。

1. 水权制度

澳大利亚建立的水权制度已成为跨流域调水和开发利用的基础。传统的水权是附着在土地上一并属于私有的，19 世纪末发生在人口主要聚居区域的干旱和引水冲突促成了澳大利亚历史上第一个分水协议的签署。20 世纪初联邦政府通过立法将水权与土地所有权分离开来，明确水资源是公共资源，州内的地表水、地下水和降水都属于州政府所有，由州政府管理用水和分配水权，对跨洲河流水资源的使用，联邦政府协调有关各州达成分水协议。河水连同取水的权利从州到城镇到灌区到农户，被一层层分配。

以维多利亚州为例，维多利亚州是该国水权登记和水权交易制度建立最早的一个州，经过 20 世纪 60 年代的水权改革，该州水权类型主要有：水源份额、供水份额、用水许可证、（水源）取用许可证、水源限额、协议供水、工程许可证、登记许可证、环境用水权，构成了该州现代水权分类的基本体系（池京云　等，2016）。《维多利亚水法》（1989）对州内水权分配、交易和调整做了详细规定，明确州政府对河道内的水和所有地下水拥有使用和管理的权利。其对水权的表现形式分为 3 种类型：①授予具有灌溉和供水职能的管理机构及电力公司的水权，称为批发水权；②授予个人从河道、地下或从管理机构的供水工程中直接取水以及河道内用水权利的许可证，其有效期一般为 15 年，到期须申请更换；③灌区内农户的用水权，灌溉管理机构必须确保向农户提供生活、灌溉和畜牧用水。由于水资源供需矛盾日趋紧张，水权的分配由早期的申请水权的做法逐渐演变为实行水权的拍卖，通过水市场的交易和转让取得水权。

2. 水价制度

在联邦层面，联邦政府实施国家水资源管理战略，采取措施保护地下水，并促使各州进行了改革。各州也改革供水业管理体制，组建政府控股的供水公司，实行现代企业管理制度，赋予企业和经营者更大的自主权。以维多利亚州为例，自 1995 年起维多利亚州北部逐渐开始实行用水权拍卖制度。目前州政府不再审批发放新的用水权，因此新增用水户只能通过水权交易来取得用水权。用水权转让可以是临时性的，也可以是永久性的；可以在州内或跨州转让，也可全部或部分转让（李学森　等，2008）。

澳大利亚的水价体系包括水价的制定规则、水价的管理模式及管理权限。主要特点为：①政府对水价实行宏观调控；②具有合理的水投资回收补偿机制；③根据市场需求、经济运行状况及投资变化，适时调整水价以反映水成本的变动；④水价反映排污和治污的成本。跨流域调水工程的水价制定基于 4 项原则：①公平性原则，水价的制定必须使所有人都有能力承担支付生活必须用水的费用；②区别性原则，考虑各地区经济发展的不平衡、输水距离不同等因素，水价标准也应有所不同；③水资源高效配置原则，水价的制定不仅要促进资源的高效配置，而且要有利于科学用水和节约用水；④成本回收原则，只有当水费收入能保证水资源工程项目的投资回收维持供水企业的良性运行时才能提高投资方的积极性，促进水资源的可持续开发利用。

水权交易促进了用水结构的调整，使水向高附加值用户转移，实现了水资源的最佳分配。通过水市场购买用水权是新用水户获得所需水量的有效途径，拥有剩余水量的用户也可通过转让获得效益，转让价格由市场决定，政府不予干预。目前这种做法已在澳大利亚各州逐步推广开来，交易额越来越大，有关的管理制度也不断得以完善，水交易市场已基本形成。据市场行情显示，大部分的用水权转让发生在农户之间，也有少部分发生在农户和供水管理机构之间，其中永久性转让占少部分，大部分属于临时性转让。当地跨流域调水机构为了有效地管理和控制水资源，并为广大农场主提供优质服务。它们将所收取的水费大部分用于供水渠及输水管道的改造，通过采用灌溉自动控制系统，实行因水、因作物精确灌溉，以减少渠系水的损失，降低用水成本，提高水的利用率和经济效益。

3. 规划制度

早在雪山工程规划阶段就由联邦政府、新南威尔士州政府和维多利亚州政府 3 方共同签订协议，并成立了联合委员会，由该委员会提出的雪山工程，作为合理开发利用斯诺伊河水资源的关键措施，得到了广泛的支持。鉴于工程规模的空前浩大，联邦政府决定动用国防力量建立一个特别部门——雪山工程管理局，负责雪山工程规划、设计与施工（夏军 等，2009）。

规划重点在于兼顾跨流域调水对于水量调出区、水量调入区及输水连接区环境影响，并且制定水量分配、电价、运行管理及流域保护等方面的章程，同时参与工程的运行管理。雪山工程的运行管理主要由雪山委员会负责。该委员会由 8 名来自联邦政府、两个相关州、雪山工程管理局（各派 2 名）的水利和电力专家组成，其主要任务是直接控制工程的运行管理，进行水量调度和电站负荷调度等（贲克平 等，2000）。

4. 水量分配制度

澳大利亚联邦政府规定水资源是公共资源，因此联邦政府在跨流域调水的水量分配制度方面起宏观调控作用。

墨累河上中游河段是新南威尔士州与维多利亚州的界河，分往南澳大利亚的水要由这里通过。墨累–达令河流域委员会严格监督上游两个州各用户的引水量不得超限，保证将规定的水量送到下游的南澳大利亚州境内。管理机构直接对各用水户的取水进行计量、收费。

5. 公众参与制度

政府鼓励公众参与到跨流域调水管理中来，并通过立法的形式对公众参与原则予以规定。包括审批机构接受许可申请后发布公告并提供利益相关者参与的一系列程序和制度安排。例如公告的发布形式、程序、内容、时间，以及公众参与的手段、方式等内容。澳大利亚各地水资源规划强调透明的规划过程，比如维多利亚州的法律要求水量分配前必须咨询所有感兴趣的团体，公开水资源的规划过程，主要步骤为：成立咨询委员，建立广泛的公众联系渠道；论证有效的水资源量；论证已获授权的情况以及水资源的其他消费量；评价水环境保护所需的小环境用水量；制定明确的资源共享协议。直接以基本法律的行使赋予了公众参与的权利，约束政府的行为。

6. 环境保护制度

为了更长久、更好地发挥雪山工程的效益，澳大利亚采取了一系列有效措施保护水环境。严格控制农牧业用水增长。由于农牧业用水主要是农田与草场灌溉，耗水量大，同时排出的水体受农药、化肥、有机物和盐分的污染，影响下游。基于这些原因，有关州政府达成共识，不再签发新的农牧业取水许可证。另一方面，斯诺伊河下游要求保护生态与环境用水的呼声日益高涨，雪山工程的跨流域调水量有可能下降。管理者们深切体会到，只有提高水价，才能从根本上改变灌溉技术落后、既浪费水又污染环境的被动局面。

通过规划制度及水量分配制度，可以达到平衡调出地与调入地水量分配的效果；通过公众参与制度，可以有效地吸收公众的意见和建议；通过具体的环境保护制度，可以做到有效防止环境破坏。雪山工程的管理制度值得我国借鉴。

5.2.3 澳大利亚跨流域调水面临的挑战及对策

尽管雪山工程对澳大利亚的社会、经济等方面都发挥着巨大作用，缓解了电力危机，促进了经济发展，并且以其规模庞大和高效运行成为世界大型工程中的典范。但是该工程并非没有问题，特别是在经40多年的运行之后，雪山工程在执法中面临着严峻的挑战。最显著的问题就是尤坎贝恩河—雪河隧洞的一个未衬砌段在1970年发生的大塌方。澳大利亚花了5个月的时间来修复，虽然幸运的是这一次中断并未造成水量损失，也未对发电或灌溉用水产生显著的限制，但是这场事故无疑预示着雪山工程存在严重的环境风险。随着时间的流逝，人们观念的逐步改变，以及对水资源问题探讨的逐步深入，雪山工程在执法中面临的挑战也日益受到人们的关注。毕竟雪山工程是在二战结束不久百废待兴的年代上马的，一切关注点都集中在工程的经济效益上，而不是它潜在的危害。一些工程管理中存在的问题及对环境的负面影响逐渐浮出水面，主要体现在以下几个方面。

首先，对环境的保护仍有待加强。对于雪山工程这样的跨流域调水工程，应属于可能造成重大环境影响的建设项目，应当编制环境影响报告书，对产生的环境影响进行全面评价。但是由于在当时在涉及环境问题时，只考虑环境对工程运行的影响，而非工程给环境造成的危害，并没有经过任何的环境影响评价，以致对工程可持续发展认识不足，缺少对每项工程任务建立可持续发展评价体系，如地下水的回灌与补水措施、新的水循环利用方式、恢复水土生态状况等。如今的澳大利亚也逐渐意识到雪山工程的对环境影响评价存在的不足，并在工程运行过程中重视其对环境的影响。

其次，在保护水资源方面法律不健全。虽然澳大利亚为雪山工程颁布了专门的法律，在联邦政府与各州之间也签订协议，但是主要涉及的是工程的规划、运营与管理制度，对于环境保护的制度规定较为笼统，且协调度仍待提高。在管理体制上，由于对保护水资源的规定较少，各方缺少协调和配合；由于欠缺专门针对水资源方面保护的法律，部分地区水污染、水土流失和土地盐碱化程度严重。

最后，在跨流域调水的水资源管理利用方面，联邦政府并未制订总体的研究利用规划。在水量供给和电力分配上各方基本完全按照协议执行，缺少必要的灵活性。在如今信息技术日益进步的时代，联邦政府应加大在信息系统等新技术开发上的投入，并在更好掌握现有水资源的基础上，做出水资源管理利用的总体规划，为解决执法中可能出现的问题及灵活地执行协议提供依据。

5.3　欧洲国家跨流域调水管理与立法实践

在水管理领域，欧洲主要是将一系列指令作为超国家的区域性法律形式，而成员国需要选择最能保障指令实践效果的形式来转化欧盟指令，将其转化为成员国国内法。早在 20 世纪 70 年代，欧洲经济共同体出于水经济行业和水体保护目的就开始颁布水管理领域的法规，并在随后的一段时期内扩展并日益细化。20 世纪 90 年代中期开始，变得更具系统性，并转向一种环境保护或水体保护政策的理念（Breur，2004）。

5.3.1　德国主要跨流域调水工程

1. 德国巴伐利亚调水工程概况

巴伐利亚州位于德国南部，地处阿尔卑斯山北麓及其前沿地带，是德国最大的一个州。巴伐利亚州总体上降水量较为丰富，年降水量可达 939 mm。但是，该州南部和北部地区的降水量相差较大。南部山区的年降水量可达 2 000 mm，多瑙河流域地区的年降水量可达 940 mm，而北部的莱茵/美因河流域的年均降水量只有 715 mm，某些地区甚至不足 600 mm。巴伐利亚州的地下水资源分布同样存在南丰、北少的特征。此外，北部雷德尼茨河、雷格尼茨河和美因河流域工业和人口密集，水资源的需求量高于多瑙河巴伐利亚州河段。在雷格尼茨河–美因河地区，夏季漫长而干旱，水资源短缺，因此，迫切需要从水资源较丰沛的地区调水。

巴伐利亚州调水工程是一项从该州南部水资源相对丰沛的多瑙河流域向北部缺水的美因河流域调水的工程。该项工程包括美因–多瑙运河和阿尔特米尔渠道两条独立的输水系统。该项调水工程为一项多目标工程，除向巴伐利亚州北部缺水地区供水这一主要目标外，还兼具受水区河流水质改善、阿尔特米尔河防洪、发展新“库区”旅游、发电及提供部分灌溉用水等目标（徐雁，2008）。

2. 调水工程建设与管理

巴伐利亚调水工程由巴伐利亚州政府全额投资建设。州政府作为该工程的业主，负责工程的规划、建设监管和调度等全部工作。在工程实际建设和管理过程中，某些工作转交给顾问公司和非政府组织进行运作。工程的规划、招投标、建设监管等方面的工作交由顾问公司负责，工程调度、旅游业、娱乐活动、自然保护及土地利用方面的工作由非政府组织代为管理。巴伐利亚调水工程中一项特殊的任务是实现运河航运与调水的统一调度。在德国，美因–多瑙河的航运归联邦政府负责，巴伐利亚州无权干预。为实现航运与调水的统一调度，巴伐利亚州与联邦政府共同签订了一项协议。该协议规定位于 5 座船闸处的泵站由航运机构负责调度，具体调度计划由巴伐利亚水务管理机构与行业机构协同制定。

德国在巴伐利亚州调水工程的所有水库上，成立了 3 个分别以水库名冠名的公司，这些公司均利用水面和库岸区建立了休闲中心，设置了一些新的休闲设施。巴伐利亚州调水工程为当地居民和旅游者提供了大量新的休闲设施，并成为国内开展水上运动的场地，名声远扬巴伐利亚州外，明显地提高了当地的生活水平，促进了整个地区的发展。

5.3.2 德国跨流域调水管理与立法

1. 德国水资源立法与管理概况

为了维持良好的水环境，实现水资源可持续利用，德国政府制定了严格的法律、法规和规章，对水资源开发利用和污水处理排放实行严格管理。德国有关水资源管理的法律主要包括《联邦水法》《废水水费条例》（李中锋 等，2009）。与水有关的法律法规还有《地下水法令》《饮用水法》《化学肥料使用法》等。由于《联邦水法》和联邦《废水处理费条例》仅仅是框架性法案，联邦州分别制定各州的水资源法规。其中包括州水法、州废水法等种类繁多的水法规，也包括对联邦框架法案进行补充，或者更加详细的、能起到解释作用的水法案，以利于具体实施。2000 年颁布的欧盟第 2000/60 号《水框架指令》立法理由第 1 项明确规定：“水不是一般的商品，而是一种必须加以保护、守卫并珍惜的遗产。”早在 1957 年，德国就通过《水平衡管理法》确立了一种公法上的经营监管秩序，明确规定国家在水事领域上的管理职能，原则上要求水的使用都必须经行政许可审批。在法律上，个人不具有对水体使用的权利主张，即使土地所有权人也无权行使，必须统一经行政机关做出审批（豁免许可）。德国水事管理主要是源于行政治安法意义上的监管，包括对水体使用进行规范和禁止（水体使用许可制度）、经济性措施及规划机制。在联邦立法层面，《水平衡管理法》与联邦《污水征费法》（于 1976 年制定，其后也同样经过多次修订）一起组成水事基本法律。在联邦法律层面，其他属于水事治理内容的，还有《洗涤和清洁用品法》和《水协会法》及《联邦河道法》；作为行政条例的，包括《污水排放条例》《地下水保护条例》、《地表水保护条例》《饮用水条例》及《工业污水处理设施和水体使用的许可和监管条例》，还包括对水有害物质的规定《关于处理水危害物质设施的条例》（沈百鑫 等，2017）。

而在水资源管理体制上，大致可以分为联邦政府层面和地方政府层面。在联邦政府层面上，德国联邦环境、自然保护与核安全部总体负责全国水资源管理事务，负责《水平衡管理法》《污水征费法》《清洁剂和洗衣店法》《联邦自然保护法》等相关法律法规的起草和实施，负责德国在欧盟范围跨流域水资源保护和海洋资源环境保护。此外，其他部门在联邦环境部总体协调下负责相关领域水资源管理工作，其中德国联邦食品与农业部（Bundesministerium für Ernährung und Landwirtschaft）负责农村地区的水资源管理、水土保持和雨洪调控等，联邦健康部负责饮用水安全和饮用水水质监测等，联邦教研部负责水资源开发利用和保护技术研发推广，联邦经济技术部负责供水产业发展监督管理，联邦经济合作部负责双边和多边国际水利援助与合作项目管理。在地方政府层面上，德国是联邦制国家，根据宪法，地方州政府在水资源管理方面拥有较大的自主权。根据联邦政府颁布的法律，16 个联邦州有权制定地方水资源管理法规，并负责各自管辖领域内供水、污水处理及相关监督管理工作。虽然各联邦州对水资源管理的政策体系有所差异，但其机构设置和管理方法基本一致，主要是市政当局负责供水和污水处理管理机构组建、工程实施，并负责相关投资和运行费用监督管理。此外，各州政府也必须对连接国家水体（联邦政府管理的水域）的相邻部分水域负责，保证连接国家水体水域的水质达标。

2. 德国跨流域调水立法与管理体制概况

与跨流域调水管理紧密相关的法律主要是德国《水平衡管理法》，于 2009 年 7 月 31 日修订，修订法案自 2010 年 3 月 1 日开始实施。该法案主要对社会用水数量、水质量、水管理做出规范（沈百鑫 等，2012）。联邦水法基本沿用了德国环境法几大原则：预防原则、污染者付费原则、合作原则、可持续发展原则和一体化原则。联邦水法中有着各种各样的规划，例如，确定水资源保护区或防洪区、保护措施计划以及水资源管理计划，联邦水法规定的各种规划在跨流域调水工程中也得到了充分的体现。

由于水利工程的公益性，工程建设管理以政府为主（刘志强 等，2000）。德国水管理部门现行的经济管理体制，体现了投入产出的市场规律（郑连生，2001）。各水务公司、协会独立核算，自负盈亏，自我发展。关键是合理确定水价。水价不但考虑了为供水而修建的水工程投资的成本，也考虑了为排水治污而修建的污水处理和水资源保护设施的大量投资。

3. 巴伐利亚调水工程立法内容

巴伐利亚州调水工程并没有专门的立法，对于该工程的法律规制主要依靠德国联邦水法和巴伐利亚州水法，其中规制的重点主要是水利总体规划和生态补偿。

1）规划制度

德国巴伐利亚州水利总体规划是各类水利规划中最高层次的规划，并成立主要由各个学科和专业的技术人员组成的工作委员会，负责整个规划工作。根据德国法律的有关条款，总体规划必须为规划区内的人民生活、经济和社会发展提供可靠的保证，并满足防洪、供水、排水、环保等方面的要求。其规划水平年统一规定为 30 年。水利规划的目的主要是根据地区经济发展要求，提出规划区的水利工程布局，并计划出规划区的水资源环境容量。规划的主要工作是进行水资源量评价和水资源供求分析，计算出各个地区的余缺水量，并提出对人口密度、产业布局等方面的限制。对于缺水地区，提出可能的调水途径，结合上下游、左右岸，统筹考虑全流域的水资源量分配情况，研究跨流域调水的可行性，并根据水资源量确定流域的最大环境容量。经过批准的总体规划不具有法律效力，不是非执行不可，仅对其他水利规划起指导作用。

2）生态补偿制度

作为欧洲开展生态补偿较早的国家，德国跨流域调水生态补偿具有鲜明特色，对于跨流域调水所产生的环境影响均由政府给予补偿。政府通过一整套复杂计算确定转移支付数额或标准，将补偿由富裕地区直接向贫困地区转移支付，落实到被补偿地区。德国宪法明确规定了财政平衡制度，一些相关法律也规定了州际财政均等化及转移支付制度。

巴伐利亚调水工程输水系统经过的地区政府之间通过横向转移支付方式负责协调生态环境保护工作。生态补偿资金的横向转移主要由工业化程度非常高的纽伦堡、克里根布隆地区对凯尔海姆、里登堡地区进行，转移额度通过一整套复杂极端确定数额标准。通过横向转移，保证了足够生态补偿资金，改善了库区周边乡村环境，形成了有价值的生物群落和新的生态环境（Overhoff et al.，2002）。同时，为了补偿弗兰克尼亚库区周边居民，政府在库区重点发展旅游业，允许农户将农庄改成休闲地，并提供了大量的就业岗位。

德国横向财政转移支付制度提高了调水沿线企业、组织和居民进行生态修复的积极性，加大了生态建设投入；实现了地区之间财政平衡，使得沿线居民生活水平及生存环境尽量享受统一标准，以此缩小地区之间差距，达到利益均衡的效果。这种制度体现了基于经济与生态分工基础上特定区域内政府间的财政关系，与上级财政纵向转移支付形式有着根本性区别。

5.3.3 西班牙跨流域调水管理与立法

1. 主要跨流域调水工程实践

1）西班牙塔霍—塞古拉（tajo-segura）北水南调工程概况

塔霍—塞古拉工程是西班牙已建的第一项跨流域调水工程，该工程将中部塔霍河的水调入东南部地中海沿岸地区，向穆尔西亚、阿利坎特和阿尔梅里亚地区供水。该工程始建于 1933 年，但由于没有跨流域调水的法律，1979 年才正式建成运行。塔霍—塞古拉工程将与埃布罗—皮林科调水工程和埃布罗—胡卡尔—塞古拉调水工程共同构成向缺水的地中海沿岸地区调水的中期总体规划工程。

塔霍河位于西班牙北部，气候湿润，多年平均阵雨量 655 mm，水资源较为充足。塞古拉河地处西班牙南部，多年平均降雨量 383 mm，干旱缺水。但阳光充足，适于农业生产。为缓解南部缺水，西班牙政府修建了塔霍—塞古拉北水南调工程。该工程主要满足南部地区的农业灌溉，很少一部分供居民饮水，还有一小部分用于生态保护用水。

2）工程建设

西班牙的跨流域调水主要依据国家水文规划或跨流域调水规划，由流域管理机构进行管理，并制定专门的管理法令。除此之外，针对特殊河流的立法，在西班牙已有成功的范例。西班牙是一个小国，大部分国土位于南部山脉的南面，形成一个大面积的干旱高原，临地中海的东南部地区降雨量不足 300 mm，需靠横穿该高原北部的一些河流来自北部山脉的径流补给水量。因此，政府兴建了跨流域的塔霍—塞古拉调水工程，并制定了《塔霍—塞古拉河联合用水法》以规范和调整跨流域水资源配置中的各种活动，并理顺各方面关系，在西班牙流域治理开发中发挥了巨大的作用。

塔霍—塞古拉调水工程建设全部由国家出资，运行管理由菲诺萨联合电力公司负责，国家不再投资，主要是靠供水和发电维持工程正常运行管理。该工程同时结合北水南调供水工程，利用约 20%的水量建了抽水蓄能站，作为管理单位一部分经济收入。该工程将农业供水水价定价较低，受水区是西班牙重要的水果产区，水果畅销全欧洲，经济效益十分显著，这样的水价当地农民完全承担得起。建设该工程使国家、农民、管理公司三方都能受益。

2. 西班牙水资源立法与管理概况

西班牙有关水的法规最早包含在民法和其他专门法规中。第一部有关水的专门法规是 1866 年水法，1879 年第二部水法主要是对第一部水法进行完善，对水的所有权范围、所有权的保护等做出了规定。针对水利用等方面出现的问题（水污染、滥用水资源、地下水超采等），西班牙 1985 年通过了《西班牙水法》，新水法增加了现代水管理的基本原则，并对原水法中一些比较含糊的条款做出了明确的规定。1985 年新水法主要内容包括：①所有水资源，包括地表水和已探明和未探明的地下水都归公共所有；②水资源规划和管理以流域为单元；③用水应服从水文规划；④用水户参与水规划和管理；⑤承认水是具有水经济价值的商品，用水户用水需交水费；⑥有关节约用水和水资源保护的规定；⑦有关中央和地方水管理协调的规定。西班牙 1999 年通过了对 1985 年新水法的修正案。1999 年水法仅对 1985 年新水法做出了部分修改，主要体现在 5 个方面：①将水资源公共财产的范围扩大到经淡化的水体；②引入水权交易和水权交易银行的概念，水权持有人的剩余水可以出售给其他水权持有人，水管理机构可以购买、出售水；③水量计算方法；④对水资源的开发利用提出了新的限制，即要保证生态流量或环境需水量，环境用水低于生活用水，但优先于其他任何用水；⑤要求对经处理可再利用水进行统一管理，以加强对所有可利用水资源的管理。

西班牙采用以流域为单元的水资源管理体制，全国分为 9 大流域，由 9 个流域管理机构（水文联合会）负责管理，用水户协会参与管理（陈明致，1998）。流域管理机构的行政主管单位是国家环境部。环境部是国家水资源管理的最高行政管理机构，负责全国水资源的统一管理。环境部在水资源管理方面的具体职责包括：编制全国水文规划并负责实施国家水利基础设施规划；采取必要措施履行国际水协定和条约；对跨自治区的流域授予水源特许权等。国家水资源委员会于 1964 年成立，1988 年实施改革，1994 年进一步实施改组，现在是有关水资源问题的最高咨询机构，在行政上附属于环境部。主要职能是：制订全国水资源规划、全国灌溉规划等；审查流域规划、重要工程和有关两个以上流域的所有重要事务；为政府提供有关公共水域问题的信息；提出有关水资源开发、利用、保护、恢复、统一管理及经济等方面的研究方向。水文联合会是根据 1926 年法案以大流域为单元成立的流域管理机构，负责对各自治区流域水资源进行统一管理。水文联合会在行政上隶属于国家环境部。成立水文联合会的目的是让用水户参与水源规划、建设及管理。水文联合会的主要职能是：起草流域水资源规划；管理、控制公共水域，发放公共取水许可权及使用许可证；管理、控制公共水域或涉及一个以上自治区的财产的使用；流域水利投资及国家委托工程的设计、施工与运行；与自治区、地方委员会、其他公共和私营机构签订协议或私下与个体签约的工作。

3. 西班牙跨流域调水立法与管理概况

在西班牙，水资源属于公共财产，取水实行许可制度。根据 1985 年水法，水分配的优先顺序为：生活用水、灌溉与农业用水、水电用水、其他工业用水、渔业用水、娱乐用水、水运及其他用水。这种用水优先权制度能够保证生活用水权持有者的水需求每年都能得到满足。

至于水市场，1999 年修订的《西班牙水法》规定，农户可以出让或购买全部或部分用水的临时使用权。该法还规定，在流域一级可建立水银行，以便于在极度缺水的情况下，水权持有人之间进行水权交易。而用水的水价主要包括取水费和用水费。取水费是对从地表和地下取水的原水征收的费用，由流域管理机构负责征收，包括两部分：水资源费（占用费）和水资源管理费。水资源费在颁发取水许可证后即开始征收，水费标准与水资源用途有关。工业用水户按水量计算，水电站按发电量计算，农业用水户按面积计算。水资源管理费包括水量调节费和用水费两部分，收取水量调节费的目的是让不同的用水户分担现有水设施的投资和运行维护费，收取用水费主要用于灌溉供水工程的成本和流域管理机构的行政开支。用水费用于供水公司的供水费用。在灌溉、供水等水利工程投资中，政府投资一般占 40%～60%，剩余部分主要靠贷款，由工程的直接受益者偿还。

西班牙很重视水资源的综合规划，并由《西班牙水法》规定具体的做法。规划分两个层次（廖志丹，2008）：①国家级；②流域级。国家规划提出跨流域调水，这是对流域规划的必要补充。1985 年《西班牙水法》规定，“国家水资源规划应该以国会法案的形式批准。”跨地区流域规划由流域管理机构提出。水资源规划在西班牙有着最广泛的公众参与。在准备的过程中，通过流域水咨询局及其他方式保证公众最大程度地参与。地区规划为居住在该区的人设定未来的发展目标。另外，水资源规划十分关注水资源开发对于环境和生态的影响，并强制性地加进了河流流域规划之中。在政府将《国家水文规划》递交给议会通过之前，必须经由国家水资源委员会认真审查。

西班牙水资源管理机构主要是水资源委员会和流域管理机构。水资源委员会的主要职能是进行有关水资源问题的最高咨询，在行政上附属于公共工程、运输及环境部。人员由国务局、自治区、流域管理机构、全国范围的专业及经济组织的代表组成，各司其职，共同负责履行职责及承担决策性任务。尽管它的权力是咨询，但如果没有它的建议，政府一般不会采取行动。国家规划、流域规划、重要工程及有关两个以上流域的所有重要事务都必须经该委员会审查。流域管理机构的职权限于流经一个以上自治区的河流。完全位于一个自治区境内的所有河流由所在的自治区负责。流域管理机构负责国有水利工程的建设、运行和维护。

5.3.4　欧洲国家跨流域调水管理与立法实践的总结

从德国和西班牙跨流域调水工程立法与管理内容来看，欧洲国家跨流域调水工程立法与管理经验大致可以总结如下。

1. 注重规划制度

跨流域调水规划是研究从某一流域的多水区向其他流域的缺水区送水，使两个或两个以上流域的水资源经过调剂得以合理开发利用的规划，还包括向邻近流域分洪，沟通两流域航运，以及利用两个流域相邻河道的落差开发水电等。它的目的一般是为城乡工业、生活供水和发展灌溉等。跨流域调水对于调出流域、调入流域和有关地区，不论在水资源开发利用方面，在社会经济发展，甚至在自然环境方面，都会产生深刻的影响。因此，跨流域调水规划要与有关的流域规划和地区水利规划密切结合，相互协调。欧洲跨流域调水工程大都有详细的前期规划，如葡萄牙的阿尔克瓦工程前期做了大量的综合评价研究工作，西班牙制定《国家水文计划》等（陈庆煜，2004）。

2. 利用水价制度调节用水量

欧洲跨流域调水工程基本按照用水需求进行水量分配，但是为了避免水资源浪费，许多国家都结合实际情况对水价做了相应的调整（王强　等，2014）。如西班牙塔霍–塞古拉调水工程为了保证受水区农民的利益，将农业供水水价适当降低。欧洲水价制度最值得借鉴的就是各利益主体广泛参与，以英国为例，水价由水务管理部门、水务公司、政府、顾客、水质监控机构、消费者代表和广大股东共同参与制定。英国水务公司基本上按照市场经济条件下的投入–产出运作模式制定水价（刘渝　等，2010）。由于每个公司所处地区的水源类型、源的质量、地理和环境不同，公司之间的水价也不相同。

3. 管理体制多样化

欧洲跨流域调水工程管理的主要做法有：①由政府出面统一组织实施，管理机构具有高度权威性，实行建管统一和建管并重的管理模式（杨云彦　等，2008），此种模式主要是以俄罗斯为代表；②调水工程管理机构是独立的经济实体，遵循市场规则自主经营，以合理的水费收入回收工程投资，并注重开展综合经营以增加运营收益，西班牙大致是此种模式；③法律或具有法律效力的规范性文件是实施管理措施的保障，西班牙《塔霍–塞古拉河联合用水法》是其中的典型代表；④由于调水工程具有社会公益性质，政府给予优惠政策维持调水工程的经营。当水资源的使用和分配产生利益矛盾和冲突的时候，由权威性的高层机构进行干预。

5.4 国外跨流域调水管理与立法比较分析

通过梳理国外跨流域调水的主要实践，特别是欧美地区的跨流域调水实践可知，国外的跨流域调水工程发展较早，同时由于各国国情不同，跨流域调水的管理与立法各有特点，但也存在着显著的共同特点，即十分重视跨流域调水工程建设与运行管理的规范化和法制化建设。本节通过对比分析国外跨流域调水工程的目标、运行管理、法律法规建设等方面的实践探索，总结不同跨流域调水实践的优势与经验，为我国跨流域调水的管理与立法提供借鉴。

国外跨流域调水工程分析见表 5.1。

表 5.1　国外跨流域调水工程分析

项目名称	工程目标	运行管理	法律法规	优势与经验
美国中央河谷工程（Central Valley Project）	①灌溉； ②水利发电； ③城市及工业用水； ④防洪； ⑤防盐水入侵； ⑥旅游	①管理调度中心负责统一调度，下设 5 个分局负责具体调度执行； ②有关机构配合（灌区、州水资源、公园、娱乐管理部门、湿地水资源区、联邦垦务局等）	①《中央河谷法案》； ②《中央河谷工程改良法案》； ③《河流与港口法案》； ④《应急减灾拨款法案》； ⑤《垦务工程法》	①设有大型中央机构负责资金筹集、总调运行； ②充分发挥工程引水、防洪、发电等多目标效益； ③管理机构层级权限明确
美国加利福尼亚州水道工程（California State Water Project）	①供水； ②灌溉； ③发电； ④生态环境	①加利福尼亚州水资源部负责统一运行和管理； ②利用实时调度模型进行运行管理，优化调度模型在运行中起到关键性作用； ③对于不能满足的需水量，水资源部负责后期工程建设、完善和维护水权； ④管理单位与用水户的合同约束，用水户根据合同内容，按用水比例承担相应的运行及管理费用； ⑤水权制度下的水银行、水市场	①《温柏格议案》； ②《戴维斯的一道维格法案》； ③《加利福尼亚州水法令》； ④《加利福尼亚调水项目法令》	①由政府主导调水工程的建设与管理； ②对于水资源分配之间的矛盾，国家依法调配水资源； ③联邦政府在资金方面为调水工程的社会和环境效益的发挥提供了多种优惠，例如提供拨款、长期低息贷款；实行优惠的投资政策，例如发行建设债券、建立调水工程建设基金等； ④水银行计划中的市场性因素对水资源分配的调节作用明显，同时使生态环境也有相应水权，生态用水户在水权中受益

续表

项目名称	工程目标	运行管理	法律法规	优势与经验
澳大利亚雪山调水工程（Snowy Mountains Scheme）	①供水； ②灌溉； ③发电； ④生态环境	①澳大利亚联邦政府、新南威尔士政府、维多利亚州政府三方共同成立，墨累–达令河流域委员会，负责各节制闸、分水闸的调度，监督取水量，调解纠纷； ②建立雪山水电工程管理局，负责雪山调水工程规划、设计与施工、制订章程和参与管理； ③雪山电力公司，统管除分水之外的梯级电站和水库运行； ④实行严格的取水许可证制度，保证用水户引水量不得超限； ⑤下游除最小生态流量值外，由州政府土地及水资源保护署管理； ⑥水权管理及水权转让； ⑦自上而下的层级管理体制：部长级理事会、社区咨询委员会、执行委员会	①《墨累–达令河流域法》； ②《墨累–达令河流域协议》	①统一的联合委员会，负责控制工程的运行管理，最优的利用水资源发电、灌溉、保护生态，解决供水、发电、生态之间的矛盾，实现水资源统一、高效管理； ②合理的机构组成，单位、部门之间各司其职； ③通过行政措施（限制引水量、实行许可证制度等）、市场措施（调节水价）相结合的方式，实现水资源高效利用与环境保护； ④完善的水权制度、发达的水市场交易和水权拍卖、转让等水权交易，充分发挥市场机制的作用，提高单位水资源量的经济效益
德国巴伐利亚调水工程	①生态环境； ②提高枯水期流量； ③城市供水； ④休闲	①州政府作为该工程的业主，负责工程的规划、建设监管和调度等全部工作； ②巴伐利亚州与联邦政府共同签订了一项协议； ③成立了3个分别以水库名冠名的公司	①《德国联邦水法》； ②《巴伐利亚州水法》	①以生态环境为目的，设立调水启动条件，保证调水不至于影响多瑙河的下游环境； ②在生态方面采取许多补救措施，减少了对库区周围乡村的不利影响。已形成了新的有价值的生物群落和新的生境； ③合理理确定水价。水价不但考虑了为供水而修建的水工程投资的成本，也考虑了为排水治污而修建的污水处理和水资源保护设施的大量投入

续表

项目名称	工程目标	运行管理	法律法规	优势与经验
西班牙塔霍—塞古拉北水南调工程（Tajo-Segura River Transfer Project）	①农业灌溉；②供水；③发电；④生态保护	菲诺萨联合电力公司负责	①《西班牙水法》；②《塔霍—塞古拉河联合用水法》	①利用 20%水量蓄能发电作为管理单位的一部分经济收入；②农业供水水价定价较低，水价当地农民完全承担得起

第 6 章　我国跨流域调水的立法建议

跨流域调水的有效管理，不仅需要国家政策支持与鼓励，还必须借助于法律的权威性和稳定性。世界大多数国家都非常重视跨流域调水工程的管理与立法，以法律强制力和约束力保障跨流域调水工程建设与管理的正常实施。法律作为调整社会关系的重要手段，其作用在于以强制的方式规范公众行为。跨流域调水工程在规划、建设、管理机构的设置、职责划分、运行调度、水量控制与分配、水事纠纷的处理等，都需要有严格的法律加以约束、规范和保证。因此，加强跨流域调水的立法研究十分必要且意义重大。

跨流域调水的立法研究多集中于生态补偿或水权交易等某个领域，从跨流域调水全过程角度提出立法研究相对较少。跨流域调水的立法重在确认“缘何调水”“谁来调水”“如何调水”。本章立足我国跨流域调水的实践与问题、立法现状与关键法律诉求，提出我国跨流域调水的立法建议，系统阐明跨流域调水立法的必要性和立法思路，从跨流域调水规划、建设和运行管理的全过程，提出跨流域调水的管理主体、权限划分、管理机构设置及调水管理的具体法律制度建议。

6.1　跨流域调水立法的总体思路

跨流域调水改变了流域间水资源的分布，改变了受水区和调水区水文情势，运行管理复杂，以保护生态环境目标而进行生态调度的需求也逐步加大，而在实施过程中，目前的法律法规对跨流域调水还没有全面、系统和明确的规定。跨流域调水是合理开发利用水资源、实现水资源优化配置的有效手段，水资源优化配置是多目标决策的大系统问题，必须协调好资源、社会、经济和生态环境的动态关系，确保实现社会、经济、环境和资源的可持续发展。

法在本质上是对利益确认、实现及保障的规范化途径，立法的目的即在于实现利益的确认与平衡，通过规则制定尽可能满足相互冲突的利益诉求（时显群，2007），表征着利益的获取或减损（邓禾 等，2013）。通过立法主动适应经济社会发展和改革需要、为经济社会发展和改革提供规范和规制是立法的价值体现。解决跨流域调水面临的管理问题，除依靠政策制定、工程和技术创新来推动外，法律不可缺位，健康有序的跨流域调水格局的实现离不开法律的引导、规范和保障。

基于跨流域调水面临的现实挑战和未来需要，真正实现将生态修复摆在压倒性的位置需要在立法中将绿色发展所彰显的生态利益以更加具体的状态加以明确，以“问题—诉求—立法应对”为进路。

6.1.1　回应跨流域调水的现实问题和需求

基于跨流域调水的战略地位、面临的现实挑战和管理需要，针对目前的法律法规对跨流域调水还没有全面、系统和明确的规定这一问题，立法脉络的展开应当着重从法律方面找寻加强跨流域调水管理工作的新途径。以问题为导向，立足现有立法体系的基础，从填补现有立法空白、提升法律执行效能等角度，提出具体法律制度建议，以完善监管制度，促进跨流域调水管理的效能。

我国跨流域调水工程众多、引调水量规模大，往往涉及多个流域，运行管理复杂，可能对水源工程所在区域或河段的水资源形势与生态环境产生一定影响。特别是在干旱、枯水期，如不加强跨流域调水的管理，可能会引起不同行政区域之间水事纠纷和上下游、左右岸的不同取用水户之间的矛盾。

6.1.2　确认并协调跨流域调水的多元利益

水资源是生态系统和国土空间的重要组成部分，是经济社会发展的重要支撑，具有不可替代的资源功能、生态功能和经济功能。随着经济社会的迅速发展，特别是国家“一带一路”倡议和长江经济带建设的实施，水资源、水环境、水生态的功能日趋复杂多样，经济、社会与环境功能之间的竞争加剧，不同功能的多元利益冲突将不断升级。因此，在法律上必须处理好环境与发展综合决策涉及的各种利益关系，确定生存权、发展权、环境权的顺序。

随着法律对水资源管理的规制范围扩大，生态环境利益在传统部门立法调整和保护的利益体系中获得一席之位，成为公众对获得良好生态环境品质和生态系统服务提出的新型权利诉求。跨流域调水管理涉及水利、防洪、环保、农业、水电、航运、矿产等不同部门，关系千头万绪、错综复杂。同时，调水工程沿线涉及多个省级行政区域。不同流域的复合型生态系统的特性决定了跨流域调水管理的多部门和多层级性，事权的冲突和矛盾对流域生态系统的整体保护将产生制约。因此，跨流域调水立法需要通过一系列制度解决不同主体权力的冲突和矛盾。通过梳理与平衡跨流域调水的多种功能及依附其上的多元利益关系，确定不同类型法律权利的优先位序，建立权利冲突调整的基本规则和具体制度，为协调跨流域调水的多元利益冲突，提供系统的制度性方案。

6.1.3 填补现有法律法规的空白与缺失

《水法》《防洪法》仅对流域水量调度和防洪调度做出了制度安排，但对水库兴利调度、生态调度、应急调度及控制性水工程的联合调度在流域层面尚缺乏可供操作的法律规定；此外，众多跨流域调水或引水项目工程，如南水北调、引江济太、引江济巢、引江济淮、引汉济渭等工程，直接影响着整个流域水资源的合理配置和统一管理。《水法》第二十二条过于笼统，对于跨流域调水管理的基本原则没有界定清楚。目前法律对流域管理机构在跨流域调水工程中的作用定位尚不清晰，特别是调水区流域管理机构与受水区流域管理机构之间的职责没有明晰，无法适应现有流域保护工作的迫切需要。

6.1.4 表达关键立法诉求为制度构建的核心

利益诉求是立法的核心，关系法律制度设计的导向。通过对跨流域调水管理存在的现实问题分析可知，管理层级和权限划分、不同利益主体的诉求表达和保障及水权交易的规范、生态补偿的推行等是跨流域调水管理的关键因素，也是主要立法诉求。流域协商协调、公众参与、风险控制、信息共享、生态补偿等机制还需要大力培植；跨流域调水工程的规划管理存在不足，导致调水实践运行效果大打折扣。因此跨流域调水立法需要进一步在深化和完善现有管理体制，调整不同管理主体的权利和义务关系，规范其运行管理行为；协调好流域与区域之间，上下游、左右岸之间，部门行业之间的关系；协调好除害与兴利、整体与局部之间的关系，强化流域统一规划、统一调度、统一监测和联合监督执法职能，形成具有中国特色的综合与专业统筹、区域与流域协调、部门间协同的流域综合管理体制。

6.2　跨流域调水立法的基本框架

6.2.1　管理机构设置

跨流域调水工程建成运行后需要设立专门的组织管理机构，根据国外跨流域调水工程的经验，跨流域调水工程组织管理机构的责任不仅需要负责工程的运行管理，还需要建立有利于流域及区域协调、公众参与、产学研结合的组织形式，必要时还需要通过设定专门法规实现管理的制度化和规范化。

1. 管理机构设置原则

1）流域水资源统一管理原则

水资源统一管理经过近百年的探索，最终以流域为单位进行统一管理被确立下来。跨流域调水工程的管理仍然归属流域水资源统一管理的范畴，但同时还分别属于两个不同流域。本书认为跨流域调水工程的组织管理机构应要求调水区及受水区的流域管理机构及省级行政区都需要派代表参与管理，这也是与我国现行的流域管理与行政区域管理相适应的。

2）各方面利益代表广泛参与原则

各方面利益代表广泛参与的原则来源于“都柏林原则”的第 II 原则：“水的开发与管理应建立在共同参与的基础上，包括各级用水户、规划者和政策制定者。”

（1）每个人都是利益共享者。只有当利益共享者是决策过程的一部分时才会出现真正参与。

（2）参与的方法是达成长期共识和共同协议的唯一手段。

在跨流域调水过程中，参与机制包括参与决策、监督决定以及决议的贯彻执行。

3）公平公正原则

建立强制性的信息共享制度和信息发布制度，实现各部门和各地区管理信息的互联互通，及时、准确和全面地向全社会发布各种信息。在跨流域管理的决策过程中实现公开与透明。

2. 管理机构设置形式

依据上述原则，下面讨论跨流域调水工程的主要管理机构设置形式，并明确管理权限。组织管理机构设置见图 6.1。

跨流域调水工程组织管理机构的主要职能为：负责制定各项管理政策及措施、调水原则、水资源调度程序、各年度运行调度计划、用水户分水模式、调水工程水费征收办法、水资源费征收办法等事项。组织管理机构定期举行会议听取各方面意见和建议，修订有关政策。

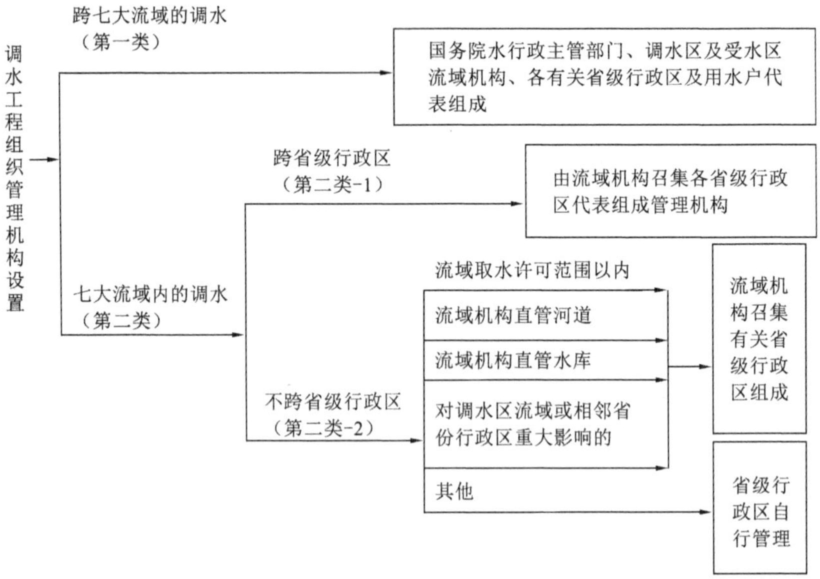

图 6.1　跨流域调水工程组织管理机构设置

由于跨流域调水工程建设管理涉及工程、经济、社会、环境等多个方面，内容庞杂，相关利益主体众多，加之水产品具有“准公共物品”属性，工程建设与管理一般应由政府出面统一组织实施。只有这样，才能有效地协调调水区与受水区之间的利益关系，从而保证工程的合理性；才能统筹安排资源、资金，保证项目的正常开工与建设；才能保证项目建成运营后的水资源的有效配置，实现工程建设的经济盈利性和社会有利性。在我国今后的调水工程建设管理过程中，应继续加强政府的统一监管力度，对项目采购、工程施工、项目监理等环节进行严格监督和控制，以此保证工程建设管理水平，最大程度上发挥工程的各项效益。

跨流域调水工程建设规模大、投资数额巨大，资金是工程顺利实施的关键保障。我国目前的调水工程资金筹措主要是“建设资本金+融资贷款”的模式，其中建设资本金以中央补助资金和地方政府财政资金为主。为了优化水利投资结构，引入市场竞争机制，2015年3月，国家出台《关于鼓励和引导社会资本参与重大水利工程建设运营的实施意见》，提出鼓励和引导社会资本参与重大水利工程建设运营。调水工程作为准公益性工程，是吸引社会资本的重要领域，应该制定政府补贴机制，鼓励和引导企业、个人等符合条件的投资主体，以合资、独资、特许经营等方式投入跨流域调水工程建设（李光，2008）。具体的营运管理，建议实行独立的经济实体，按照东深供水工程的经验，依法自主经营，自负盈亏。

3. 强化调水区流域管理机构的责任

在已有的跨流域调水管理当中，调水区流域管理机构还不能有效地参与到水量调度与监督管理过程中，这与我国强调的流域水资源统一管理的治水思路不相协调。因此，我国的跨流域调水立法过程必须强调流域管理机构在跨流域调水管理中的地位、作用、责任和权限。特别是对于国家实施的大型跨流域调水工程和省际间影响较大、并可能引发省际纠纷的跨流域调水工程，调水区流域管理机构有责任和义务根据来水预测、流域的水资源开发利用情况、生态环境等问题实施水量统一调度，并应赋予流域管理机构在特殊条件下（如干旱缺水）可以减小甚至停止调水的权利。

水资源实行流域管理是世界通行的做法。世界许多国家都开展了不同程度的流域管理，建立流域管理机构，从流域管理的角度出发，积极介入流域内的重大水事活动，特别是在流域管理中起控制性作用的水资源开发治理骨干工程，包括跨流域调水工程。有的国家实行的是由流域管理机构从项目的规划、设计、建设及管理全过程的“一条龙”体系。如西班牙的流域水文协会就负责相关的流域调水工程的实施与管理（贲克平，2000）。

因此，应当加强调水区流域管理机构在跨流域调水工程的水量调度中的作用。加强调水区流域管理机构的水量调度确定权限是实现流域水资源统一管理的客观需要。

6.2.2　管理权限划分

针对跨流域调水工程管理体制复杂、运行调度管理不规范等问题，明确跨流域调水工程管理制度，理清各方管理权限，实行分类分级管理。

对跨省跨长江流域调水工程，建议由国务院水行政主管部门或其授权的管理部门负责跨流域调水工程水量调度工作。国务院其他相关部门，跨流域调水工程调水区、调水沿线区、受水区县级以上地方人民政府，跨流域调水工程管理单位配合做好相关工作。

1. 水行政管理权限划分依据

我国的水权制度还未完善，水资源的配置方式主要是通过水行政部门在各流域和行政区域进行分配并管理，是国家各级行政机关对水资源的行政管理权的分配，称之为“水权行政内部配置”。水权行政内部配置通常以制订分水方案或订立行政合同的手段来实施。根据《水法》的规定，各级行政机关水权配置的具体权限有：①国务院发展计划主管部门和国务院水行政主管部门负责全国水资源的宏观调配；②跨省、自治区、直辖市的水量分配方案和旱情紧急情况下的水量调度预案，由流域管理机构商有关省、自治区、直辖市人民政府制定，报国务院或其授权的部门批准后执行；③其他跨行政区域的水量分配方案和旱情紧急情况下的水量调度预案，由共同的上一级人民政府水行政主管部门商有关地方人民政府制订，报本级人民政府批准后执行。

我国目前及今后很长一段时期内，水资源的配置方式仍然以行政方式配置为主。当水权制度体系较为完善，流域与区域的水权明晰之后，水资源的配置将逐渐向以市场配置为主的方式转变，水权发生的主体主要集中于省级行政区以内，省级行政区以上层面的水权转换仍以政府协商为主，因为“越高层面的水权转换越接近于政治谈判”。不论以行政方式为主还是以市场方式为主，水行政主管部门的许可制度、监督管理权不会改变。因此，跨流域调水的水权配置权限按“国家—流域—省级”水行政主管部门进行划分较为合理。

具体而言，按“国家—流域—省级”三级，对跨流域调水的水行政配置权限进行划分。国务院水行政主管部门负责国家重大河、湖跨流域调水工程的统一管理和监督工作。流域管理机构按照法律法规的规定和国务院水行政主管部门的授权，负责流域内跨流域调水工程运行与保护的指导和监督工作。跨流域调水工程由工程所在地水行政主管部门或工程建设单位负责跨流域调水工程的具体管理与运行。长江流域管理机构会同流域内各省、直辖市水行政、环境保护、交通、国土资源等行政主管部门建立跨流域调水量调度会商制度。

2. 跨流域调水行政配置权划分

跨流域调水的水权配置权限划分见图 6.2。针对跨流域调水工程管理体制复杂、运行调度管理不规范等问题，明确跨流域调水工程管理制度，理清各方管理权限，实行分类分级管理。对于跨省级行政区域的跨流域调水工程，建议由国务院水行政主管部门或其授权的管理部门负责跨流域调水工程水量调度工作。国务院其他相关部门，跨流域调水工程水源区、调水沿线区、受水区县级以上地方人民政府，跨流域调水工程管理单位配合做好相关工作。具体分类分级管理如下。

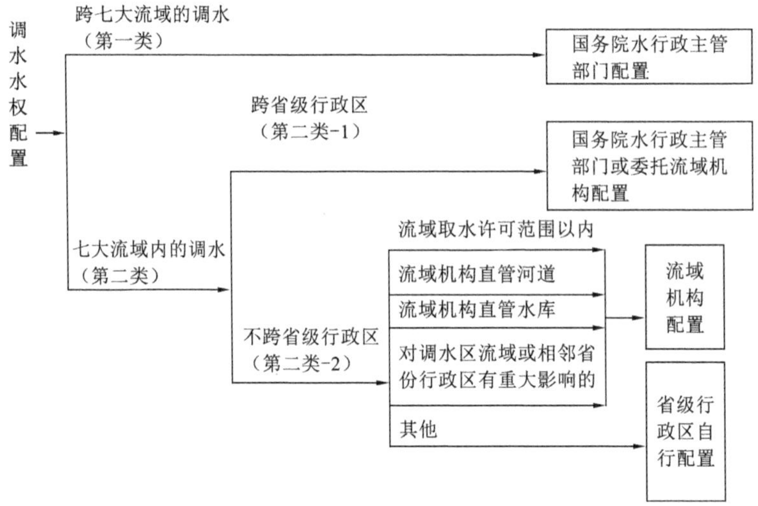

图 6.2　跨流域调水的水权配置权限划分

“第一类”调水工程由于将涉及 2 个以上流域管理机构，跨流域调水的规划审批及取水许可制度的实施应由国务院、国务院水行政主管部门负责。监督管理权限由国务院水行政主管部门或委托调水区流域管理机构负责。

“第二类”调水工程分为是否跨省级行政区 2 种情况：跨省级行政区的跨流域调水由国务院水行政主管部门或委托流域管理机构进行规划审批、取水许可制度实施及监督管理；不跨省级行政区的调水工程，如果具有如下条件则应由流域管理机构进行规划审批、取水许可制度实施以及监督管理。

（1）根据授权，调水规模属于流域管理机构审批范围内的调水工程。

（2）流域管理机构直管河道内取水的调水工程。

（3）流域管理机构直管水库内取水的调水工程。

（4）对相邻省级行政区或调水区流域有重大影响的调水工程。

不跨省级行政区，上述 4 个条件以外的调水工程由省级行政区水行政主管部门负责规划审批、取水许可制度的实施及用水监督管理。

此外，对于不需要进行规划或无规划的小型跨流域调水工程，应编制项目建议书，在项目立项前应对项目建议书进行审批。

6.2.3　规划管理

规划期管理是指跨流域调水工程在规划阶段（或项目建议书阶段）对工程项目的总体控制，以决定该工程能否立项，参考美国的管理制度，规划期管理的主要内容包括：跨流域调水规划审查、跨流域调水工程的公告制度、听证会、不予批准的有关规定及其他管理事项 5 个部分。规划期管理的思路见图 6.3。

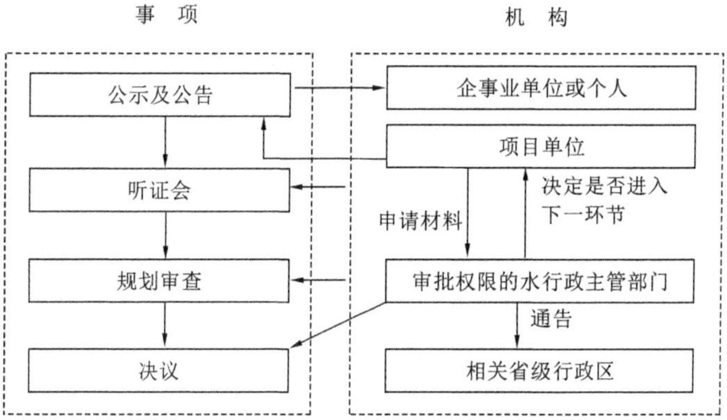

图 6.3　规划期管理示意图

1. 跨流域调水规划的审查

针对部分跨流域调水管理中有关未按流域综合规划要求进行布局的情况，建议在法律制度中明确跨流域调水工程应符合全国国土空间规划和各流域的综合规划等要求，将规划依据做好开展跨流域调水工程立项建设的前提条件，按照“先节水后调水，先治污后通水，先环保后用水”的“三先三后”原则，深入开展科学论证，合理确定调水规模。

跨流域调水规划审查程序总体上可以参照《水工程建设规划同意书制度管理办法》执行，该管理办法第六条规定：“水工程建设单位应当在水工程的（预）可行性研究报告（项目申请报告、备案材料）报请审批（核准、备案）前，向有水工程建设规划同意书审查签署权限的流域管理机构或者县级以上地方人民政府水行政主管部门提出水工程建设规划同意书申请，并提交下列材料：（一）水工程建设规划同意书申请表；（二）拟报批水工程的（预）可行性研究报告（项目申请报告、备案材料）；（三）与第三者利害关系的相关说明；（四）审查签署机关要求的其他材料。”

对于跨流域调水规划审查，建议审查机关要求业主单位提交“跨流域调水工程影响评价报告”，作为跨流域调水规划审查的重要基础材料。跨流域调水工程业主单位只有通过规划审查，并获取具有审批权限的水行政主管部门的同意书后方可立项。

“跨流域调水工程影响评价报告”应当包括以下内容。

1）是否符合相关规划

跨流域调水是否符合流域及区域水资源综合规划、水中长期供求计划、经批准的水量分配方案、省级地方人民政府之间签订的水量分配协议，以及国家划定的流域或省际行政区取水总量控制指标。

2）调水的性质及用途

跨流域调水的性质是指调水是否用于营利性目的。对于营利性调水的审查应更加严格，并附加更多的限制性措施（主要用于我国水权制度相对完善，区域水权被界定之后，即产权主体可以为本区域的整体利益考虑进行水权转换，对于我国当前基本上还不适用）

调水的用途是指所调水量用于何种行业（生活用水、工业用水、农业用水、生态环境用水）。这种划分主要针对我国当前以行政配置为主的情况，建议我国一级流域内的调水用途仅限于生活用水（不适用于水权界定后的营利性调水）。

3）对调水区流域影响评价

对调水区流域影响评价如下。

（1）水资源量评价，分季节评价来水流量，特别是枯水期流量评价。

（2）水质情况评价，特别是枯水期水质评价，并对调水后引水河段下游水质变化情况进行评价。

（3）当前的可供水量情况，以及当前用水需求总量和未来可预测的合理的用水需求状况。

（4）调水对现状及未来经济社会用水、生态、环境的影响评价。

（5）调水区流域应对干旱等紧急情况下的有效性评价。

（6）是否采取对调水区流域水量进行补偿的相关措施。

（7）调水对地下水的影响评价，以及由此造成取用水问题。

（8）所有已经授权批准的和规划的跨流域调水和耗水情况对调水区流域的叠加累计影响。

4）受水区评价

受水区评价如下。

（1）受水区水资源量评价。

（2）受水区用水需求评价。

（3）受水区用水效率评价、水资源节约与保护开展情况评价，包括是否已经采取的有效节约与保护措施；规划需要开展的节水措施。

5）利益相关方评价

跨流域调水工程建设是否与调水区流域引水河段下游各省级行政区协商并达到一致意见。

2. 跨流域调水规划不予批准的有关规定

跨流域调水管理必须明确一系列硬性规定，没有达到其中的任何一条同对于规划不予以批准：

（1）不符合经批准的水量分配方案和水资源综合规划的；
（2）调水区水资源开发利用程度已经超过区域取水许可总量控制目标的；
（3）调水后调水区流域水功能区等级降低的；
（4）对调水区流域现状或规划水平年取用水造成严重影响的；
（5）未与调水区流域管理机构及有关行政区协调一致的；
（6）受水区水资源的利用不合理，水资源利用效率未达到国家或区域相关标准的。

3. 跨流域调水工程的公告制度及听证会

公告及听证会制度的完善是利益相关方广泛参与的基础，当前我国跨流域调水管理办法的制定需要在三个方面重点关注：①所有受到跨流域调水影响的流域及省级行政区政府都必须有决策过程的发言权；②跨流域调水的公示制度需要完善；③广大的利益相关者应当享有发表意见的权利和途径。

4. 制定负面清单，明确不得调水的情形或条件

建议制定水源河流最低流量标准，并作为水源河流水量调度的红线。虽然我国许多跨流域调水工程对水源河流的生态流量及社会经济用水进行了较为充分的考虑，但是在工程的实际运行过程中基本没有提出水源河流的最低流量限额标准并将其纳入监管体系当中。建议对计划实施跨流域调水的河流，应分时段制定河道最小流量标准，由水利部组织各相关部门进行审查，发布相关成果，并作为水源河流水量调度的红线。

规定不得降低水功能区的水质标准。跨流域调水工程的实施会降低水源河流水资源和水环境的承载能力。美国的“清洁水计划”“日最大承载能力、“总最大日负载”等标准体系成为跨流域调水过程中水资源评价和保护的重要依据，我国还缺乏此相关类的标准体系，但是应跨流域调水工程要求的实施，不得改变水源河流水功能区的水质标准。

6.2.4　水量调度管理

水量调度管理是跨流域调水管理的重要组成部分，跨流域调水工程的水量调度应当服从流域统一调度，遵循节水为先、适度从紧的原则，统筹协调水源地、受水区和调水下

游区域用水，优先保护生态环境。跨流域调水工程应保证水源区、输水沿线生态环境的可持续发展和受水区的用水安全，并确保调水水质满足相应的功能要求，实现经济效益、社会效益、环境效益的统一。可以分为 4 个方面的主要内容：水量调度总体方案制定；年度水量调度申请与审批；水量应急调度及流域水量调度备案制度。

1. 水量调度总体方案制定

对于组建专门管理（协调）机构的调水工程，水量调度总体方案由管理（或协调）机构制定。

对于未组建专门管理（协调）机构的调水工程，水量调度总体方案由具有审批权限的水行政主管部门召集各级水行政管理部分、调水工程运营单位制定。

水量调度总体方案应包括全年各月水量调度规划、洪水期及枯水期水量调度方案、需要保障的最小生态环境流量、调水河段下游需要保障的最低社会经济用水流量等。

2. 应急预案制定

跨流域调水管理（协调）机构或具有管理权限的水行政主管部门应会同相关水行政主管部门、用水户及工程运营单位编制旱情紧急情况下的水量调度预案，以及制定调水区流域来水量不足条件下受水区用水压缩比例办法等。

3. 年度水量调度方案

跨流域调水工程运行管理单位应每年 12 月 31 日前向具有监督管理权限的水行政主管部门报送上年的年度用水总结下一年度的水量调度方案。年度总结和水量调度方案应包括各用水户年内各月的取用水量、取水流量及用水合理性分析等内容。

4. 跨流域调水方案的编制与审批

跨流域调水工程的水量调度以国务院批准的多年平均调水量和受水区省、直辖市水量分配指标为基本依据。

国务院水行政主管部门综合平衡年度可调水量和长江流域跨流域调水工程受水区省、直辖市年度用水计划建议，按照国务院批准的受水区省、直辖市水量分配指标的比例，制订年度水量调度计划，征求国务院有关部门意见后，在水量调度年度开始前下达有关省、直辖市人民政府和跨流域调水工程管理单位。

5. 建立调水的水量调度备案制度

建立流域水量调度的备案制度，目的是为了加强流域水资源信息化管理，以便于流域管理机构对流域内的调入和调出水量进行汇总和分析，更好地为流域水资源统一管理服务。建议我国七大流域管理机构对所有涉及本流域的跨流域调水工程上年度的水量调度总结进行备案，建立跨流域调水水量调度备案制度。报送主体为：第一类、第二类-1 跨流域调水工程由工程管理单位报送流域管理机构；第二类-2 由省级行政区域水行政主管部门报送流域管理机构。

6.2.5 取水管理

取水管理包括三方面的主要内容：①取水许可制度和水资源论证制度的实施；②计划用水申报制度；③特殊情况下（如重大旱情）的应对措施。

1. 完善取水许可有关内容

原则上所有跨流域调水工程，应按规定实施水资源论证制度和取水许可制度，办理取水许可证并按实际调水量收取水资源费。

对于第二类-2 调水工程（缺乏明确取用水主体的国家水资源配置性跨流域调水工程）建议实施调水工程备案制度，即：跨流域调水工程管理单位在工程运行前将调水工程的设计资料和运行调度方案等相关材料报送调水区流域管理机构，进行备案登记。此外，该类跨流域调水工程应按水量调度管理的要求，按时向有关流域管理机构报送水量调度总结报告。

我国取水许可证的许可水量中通常包括批准的取水总量、流量及各月许可水量。均未涉及在一定条件下，当来水量小于某一流量限值条件下减小或停止取水的相关规定。这与我国实施的建设项目水资源论证制度及目前的水资源管理制度有一定的关系。一般的建设项目供水保证率的设计标准及校核标准较高（95%或 97%），问题不突出，跨流域调水工程供水保证率则相对较低，当来水量不能完全满足需求时，缺乏有效控制的严格规定。例如根据《调水工程设计导则》（SL 430—2008）规定（中华人民共和国水利部，2008）："农业和生态环境用水的保证率一般为 50%～80%，南方和北方可有所区别，南方水量丰沛地区可适当提高；工业用水的保证率一般为 80%～95%；城乡生活供水的保证率一般为 95%～97%。建议跨流域调水工程的取水许可审批当中应增加：①提出水源河流的最小流量限值，当水源河流来水量小于所要求的流量限值时，应减小或停止取水；②业主单位应遵从审批部门为减轻其他一切不利影响所要求的调水控制（刘强 等，2011）。

2. 计划用水申报

用水单位必须按规定时间（每年 12 月 31 日之间）向具有监督管理权限的水行政主管部门申请下一年度取水，并提交取水计划。取水计划需要包括下一年度用水户分旬的年内用水过程、用水量及申报用水量合理性的分析等内容。业主单位应在规定的时间报送当年年内的实际旬用水过程和用水量。具有监督管理权限的水行政主管部门应根据来水预测下达年度可调水资源量，业主单位根据下达的可调水量修正用水计划或分水方案。

3. 可调水量模拟评价

为了保护调水区水资源利用，调水区流域管理机构在审核水量的过程中，应采用考虑调水区上下游供用水设施和需求的整体河流模型及实际来水蓄水情况和预测来水分析计算可调水量。可调水量应根据调水区流域不同季节水情的特点提出调水量过程。

4. 特殊情况下（如重大旱情）的应对措施

跨流域调水工程的水资源调度程序中明确提出在应对干旱等紧急状况下的水量调度程序，并需要明确水行政主管部门的主要义务。

（1）发生重大旱情时，具有管理权限的水行政主管部门可以依照规定对跨流域调水工程的调水量予以紧急调整和限制。

（2）由各种原因引起的临时性紧急调水，其增加水量由具有审批权限的水行政主管部门负责核准。

5. 加强调水区的保护

跨流域调水工程的水资源保护管理应保证调水区、水量通过区生态环境的可持续发展和受水区的用水安全，并确保调水水质满足相应的功能要求，实现经济效益、社会效益、环境效益的统一。

跨流域调水工程的调水区和调水线路应依法根据调水用途的不同，设立不同等级的水资源保护区。水资源保护区应包括一定的水域和陆域，其范围应按照调水区、调水线路的水质现状和发展趋势，并考虑当地具体条件加以确定，保证在规划设计的水文条件和污染负荷下，供应规划水量时，保护区的水质能满足相应的用水标准。对于包含生活饮用水用途的调水，调水区和调水线路均应划定为生活饮用水地表水源保护区。跨流域调水工程的调水区和调水线路水资源保护区等级由有关省、自治区、直辖市人民政府协商划定；协商不成的，由国务院环境保护部门会同国务院水利、国土资源、卫生、建设等有关部门提出划定方案，报国务院批准。

6.2.6 用水管理

跨流域调水的取水与用水是分离的，为促进受水区水资源的合理和高效利用，需要对受水区的水资源利用提出原则性的要求，并进行用水合理性检查。

1. 受水区分水模式

分水模式应体现公平、公正、公开的原则；建议受水区的分水模式以合同的形式确立，合同批准的各受水区水量为其拥有的取水权。若受水区需要更多水资源或有多余水量，鼓励通过水权转让或购买的方式进行，有条件的跨流域调水工程应鼓励采用水银行等多种形式进行水权转换或买卖，以提高水资源的利用效率。对于长期的水权转让（2 年以上）需经有监督管理权限的水行政主管部门批准后实施。

组织管理机构需要制定跨流域调水的用水目标及调度优先级别，在水资源量不足情况下，各受水区以及受水区内不同行业用水压缩比例。

2. 调入水量与受水区当地水量的统一管理

加强调入水量与受水区当地水资源量的统一管理与使用，其形式可以多样化，例如加强调水与当地特定的水资源混合使用，以降低单独使用调水工程所调水资源的费用，从而减小用水户的压力。

3. 签订供水合同

跨流域调水程受水区省、直辖市人民政府授权的部门或者单位应当与跨流域调水工程管理单位签订供水合同。供水合同应当包括年度供水量、供水水质、交水断面、交水方式、水价、水费缴纳时间和方式、违约责任等。

4. 跨流域调水工程安全维护

跨流域调水工程运行单位应当建立工程巡查养护制度，配备必要的人员和设备，定期对调水工程进行检测维修，保障工程安全，确保工程安全运行。

5. 跨流域调水监督和后评价

具有监督管理权限的水行政主管部门，每年对跨流域调水的用水合理性进行检查。对于存在的不合理用水，责令限期整改，到期仍不合格者，则进行相应的处罚。

跨流域调水工程单位需要建立调水年度报告机制。

流域管理机构及省、自治区、直辖市人民政府水行政主管部门和调水工程运行管理单位对管理权限、调水量、水资源费的征收等方面存在意见分歧的可向上一级水行政主管部门申请复议。

对于已建运行的跨流域调水工程，可根据水资源承载力分析评价有关原则对其实际调水运行状况进行后评价，为进一步调水的规划决策提供借鉴。监督检查部门应定期或不定期对调水工程运行情况进行检查，主要内容包括：监督检查调水工程是否按批准的水量进行调水；流量监测设备运行和维护情况。

6.2.7　生态补偿制度

调水区流域由于调水而降低了水资源和水环境承载能力，降低了水域纳污能力，甚至会在一定程度上限制调水区流域未来的经济发展。受水区或中央政府作为受益方应当承担一定的补偿费用。但是我国跨流域调水方面的补偿机制还很不健全。根据国家对水资源费使用的有关规定，水资源费是调水区流域水资源节约和保护的主要经费来源之一。但是当前水资源费收取存在很多问题，例如《水资源费征收使用管理办法》中第六条规定“按照国务院或其授权部门批准的跨省、自治区、直辖市水量分配方案调度的水资源，由调入区域水行政主管部门按照取水审批权限负责征收水资源费。”对于跨流域调水工程来说，该规定已经将调水区收取水资源费的权力排除在外，这是不合理的。我国跨流域调水补偿机制的完善将是一个较为漫长的过程，需要专门的法律文件进行规范。

1. 跨流域调水需要建立必要的补偿机制

对于跨流域调水的生态补偿机制主要分为以下三个方面。

（1）对调水区或其流域下游造成的生态环境影响及经济损害方面的补偿机制。

（2）对调水区或其流域下游人群或水资源开发利用的团体或企业等造成各项损失的补偿机制。

（3）对调水工程沿线造成各种损失的补偿机制。

2. 补偿的原则及措施

对于每一项调水工程，在工程实施前根据国家有关法令、规章或公认的原则，对各种较明显的不利影响都进行了适当的考虑或补偿，但是对于处理工程实施后带来的各种不可预知的负面影响则显得很不完备，在跨流域调水管理办法中，应当提出一定的事后补偿原则及机制。

跨流域调水的补偿措施可采用“谁利用谁补偿，谁受益或者谁损害谁付费”的原则进行补偿；补偿费用可以在工程实施后计入成本费用，补偿可以是一次性的，也可以每年按一定标准进行。对于工程建设前未考虑的因素而造成的各项损失，业主单位应采取补偿措施弥补，其补偿费用应由业主单位承担。

3. 水资源费政策应当向调水区流域倾斜

水资源费是水资源开发利用及河流治理保护方面的重要资金来源，跨流域调水工程的水资源费也成为各级水行政主管部门争取的重要对象。跨流域调水工程的调水区作为受水区的水源基地，同时承担着河流治理保护的重要任务，应当享有水资源费利用的优先权。因此国家对于跨流域调水工程的水资源费征收或返还的政策应当向调水区流域倾斜，并可以考虑适当地加大对调水区流域水资源费的返还比例。

6.2.8　水价与水费制度

当前跨流域调水的水资源费收取已经成为许多地区水行政主管部门及流域管理机构比较关注的问题。根据国家对水资源费使用的有关规定，水资源费已经是调水区流域水资源节约和保护的主要经费来源之一。根据《水资源费征收使用管理办法》中第六条规定“按照国务院或其授权部门批准的跨省、自治区、直辖市水量分配方案调度的水资源，由调入区域水行政主管部门按照取水审批权限负责征收水资源费。”这一规定已经将调水区征收水资源费的权力排除在外，而受水区不仅得到了水量的补给，更加收取了水资源费。

此外，根据《水资源费征收使用管理办法》第十五条规定“除南水北调受水区外，县级以上地方水行政主管部门征收的水资源费，按照 1:9 的比例分别上缴中央和地方国库”。

根据《水资源费征收使用管理办法》及《水资源费征收使用管理办法》，对于部分跨流域调水的调水区流域来说，最多只能收取跨流域调水工程水资源费征收比例的 10%，这显然是不合理的。因此，建议针对跨流域调水工程，水资源费的征收和使用需要独立提出征收及返还比例。

（1）原则上水资源费由调水区所在地水行政主管部门按实际取水量收取。对于按《水资源费征收使用管理办法》由受水区征收的水资源费，应按 9:1 的比例（或全部）上缴中央国库，再由中央财政全额返还调水区流域所在政府部门。

（2）对于生态用水、环境用水等公益性用水的跨流域调水工程，相应的水资源费用应由受益地区政府支付。此外，可以尝试对水资源费进一步划分，例如可以根据调水工程的性质，分为社会公益性调水与非公益性调水，并设定不同的标准。

（3）跨流域调水所收取的水费由受水区人民政府征收，并通过财政转移支付的方式支付给水源区人民政府。水费应当及时、足额缴纳，专项用于跨流域调水工程水源区的生态补偿、工程运行维护和偿还贷款。由于跨流域调水工程的实施而造成调水区河流出现诸多生态环境问题的地区，可设立专项基金会，水资源费可全部作为基金会来源。

（4）跨流域调水工程的水费按固定水费及运行支出费两部分收取。固定水费用以偿还贷款及利息；运行支出费按引水量收取。

6.3　跨流域调水立法的实现方式

跨流域调水管理是涵盖了技术、法律和管理等多个领域的综合课题，涉及管理体制、防洪、水资源管理、水环境治理与修复多个方面，因而针跨流域调水的立法也是相对全面的，但呈现在法律法规中的表现形式可能有所不同。本书建议，跨流域调水的立法诉求可通过以下实现方式在法律法规中表达。

6.3.1　基于现有法律法规体系的修改完善

对现有法律法规体现的修改完善，主要依赖法律法规的立、改、废工作，将现有立法中对跨流域调水规定较为模糊、操作难等问题反映在修改完善工作中。主要的实现方式有以下三个方面。

（1）在《水法》《水污染防治法》《防洪法》《环境保护法》等水资源管理与保护法律法规中，在其法律原则中确立跨流域调水的管理与保护诉求。建议在立法原则中除水资源管理与保护应当坚持生态优先、绿色发展、统筹协调、综合管理、预防为主、公众参与、损害担责、严格监管的原则外，兼顾干支流、上下游、左右岸保护需求。以此将跨流域调水涉及的多方利益主体的利益诉求在基本原则中加以确认。

（2）将跨流域调水的特殊诉求分散设置于现有水资源管理与保护的法律法规体系中。特别是在防洪、水资源管理与保护、水污染防治、水资源配置与调度、水工程管理等与跨流域调水管理切实相关的章节中，增加一款特别规定，体现跨流域调水工程管理相对于一般管理保护的特别规定。

（3）提高已有跨流域调水管理相关法律制度的约束性。梳理对于跨流域调水管理至关重要的管理权限划分、水资源配置与调度、水工程管理等领域的法律规定，并结合跨流域调水的特殊要求，细化规定或增加跨流域调水管理的特别规定。

6.3.2　推动跨流域调水管理专门立法进程

除一般性针对水资源管理、配置与调度、水工程管理等法律条文中可能涉及跨流域调水管理的问题外，建议针对跨流域调水管理在调水权限、多方利益主体的协调、生态补偿等特殊需求，推进专门的立法，以条例或者部门规章的形式发布。鉴于跨流域调水战略地位高，在借鉴国外相关经验的基础上，针对跨流域调水管理中存在的规划符合性、管理权限、调度、生态补偿等问题，从哪些在立法中缺失、哪些属于立法需提升，以及哪些是法律执行层面的角度，逐一设立制度予以规定，以期确保跨流域调水管理内容在立法中有法可依。即以当前跨流域调水管理的关键立法诉求为导向，构建针对跨流域调水管理体制、利益平衡、水权交易和生态补偿为重点的法律制度，弥补现有立法体系关于跨流域调水管理针对性不强的问题。

6.3.3　借助流域特别立法的途径

借助我国流域立法的良好契机，特别是借力已经列入十三届人大一类立法项目的《长江保护法》，在其中单设一条跨流域调水管理制度。其理由为：《长江保护法》是一部综合法、流域法和框架法，从现实可行的角度可知，该法中涉及跨流域调水工程管理的法条设计不可能过于细化，立法内容篇幅有限。设立一条内容来统领跨流域调水所需要体现的水资源、水环境、水生态保护方面的多重目标和要求，后期再通过出台相关配套法律法规或制定跨调水管理办法来明确相关职能，细化管理内容，解决跨调水中存在的各类监督管理问题。这是因为现行法律法规没有明确跨流域调水管理中的相关部门的职能，跨流域（一级区）调水还涉及其他众多部门，出台跨流域调水管理条例或者办法作为弥补现行法律法规存在的不足，是一项补充性的法令，可以与《取水许可和水资源费征收管理条例》（国务院令 460 号）同级。

参 考 文 献

白景锋, 2010. 跨流域调水水源地生态补偿测算与分配研究：以南水北调中线河南水源区为例[J]. 经济地理, 30(4): 657-661.

百度学术, 2019. 跨流域调水关联领域分析[EB/OL]. (2018-11-15)[2018-11-15]. http://xueshu.baidu.com/u/biye/?tag=paper&wd=%E8%B7%A8%E6%B5%81%E5%9F%9F%E8%B0%83%E6%B0%B4.

贲克平, 2000. 国外大规模跨流域调水的经验教训与展望[J]. 湖南水利水电(6): 26-29.

贲克平, 2005. 澳大利亚调水工程[N]. 中国水利报(2005-10-27).

贲克平, 沈进建, 黄正夫, 2000. 国内外跨流域调水研究扫描[J]. 水利经济(3): 25-34.

才惠莲, 2009. 美国跨流域调水立法及其对我国的启示[J]. 武汉理工大学学报 (社会科学版), 22(2): 66-70.

才惠莲, 2013. 我国跨流域调水生态补偿制度的完善[J]. 中国行政管理(10): 13-17.

才惠莲, 2014. 我国跨流域调水生态补偿法律问题的探讨[J]. 武汉理工大学学报(社会科学版) , 27(2): 269-274.

才惠莲, 2018. 我国跨流域调水生态补偿法律制度研究[M]. 北京：法律出版社.

曹波, 1997. 浅议国外跨流域调水工程的法律规定[J]. 华北水利水电学院学报(社科版)(6): 74-77.

长江水利委员会, 2017. 长江流域及西南诸河水资源公报[M]. 武汉：长江出版社.

陈建军, 李文轩, 2013. 南水北调中线一期工程运行管理研究[J]. 河南水利与南水北调(7): 30-31.

陈明致, 1998. 意大利和西班牙水利考察综述[J]. 东北水利水电(4): 1-12.

陈庆煜, 2004. 西班牙节水与调水并举[J]. 水利水电快报(14): 31-32.

陈西庆, 2000. 跨国界河流、跨流域调水与我国南水北调的基本问题[J]. 长江流域资源与环境, 9(1): 92-97.

程相洗, 2015. 南水北调中线工程通水运行管理对策研究[J]. 河南科技(22): 46-48.

池京云, 刘伟, 吴初国, 2016. 澳大利亚水资源和水权管理[J]. 国土资源情报(5): 11-17.

党志良, 孙健, 2010. 跨流域调水利益冲突的博弈研究：以南水北调中线陕西水源区和北京市为例[J]. 西北大学学报(自然科学版), 40(2): 332-334.

邓禾, 韩卫平, 2013. 法学利益谱系中生态利益的识别与定位[J]. 法学评论(5): 109-115.

杜小洲, 2015. 引汉济渭工程建设管理实践[J]. 中国水利(14): 42-45.

段潇潇, 范雨晴, 2012. 国外跨流域调水工程建设及运营模式概述[J]. 城市建设理论研究(23): 3-6.

鄂北地区水资源配置工程建设与管理局, 2018. 鄂北地区水资源配置工程简介[EB/OL].

(2019-05-04) [2019-06-28]. http://www.ebszy.org.cn/index.php/index/article/detail.html?article_id =5062.2019.05.04.
方妍, 2005. 国外跨流域调水工程及其生态环境影响[J]. 人民长江, 36(10): 9-28.
冯德顺, 石伯勋, 2003. 美国加利福尼亚州调水工程成功的启示[J]. 水利水电快报, 24(4): 1-2.
冯庆华, 2015. 引江济淮工程运行管理及融资模式探讨[J]. 江淮水利科技(6): 7-8.
傅旭东, 刘婉婷, 黄跃飞, 2006. 加利福尼亚州调水工程对生态环境的负面影响[J]. 南水北调与水利科技, 4(6): 44-46.
高媛媛, 姚建文, 陈桂芳, 2018. 我国调水工程的现状与展望[J]. 中国水利(4): 49-51.
顾敏, 2006. 跨流域调水工程运行机制研究[D]. 南京: 河海大学.
光明网. 2017. 滇中引水工程正式开工[EB/OL]. (2017-08-05)[2018-06-28]. http://difang.gmw.cn/yn/2017-08/05/content_25446191.html.
广东省水利厅, 2015. 香港回归 20 年 东深供水工程对港供水超 140 亿立方米[EB / OL]. (2015-05-28)[2018-04-17]. http://slt.gd.gov.cn/qgss/content/post_905954.html.
郭其全, 郑恩才, 2006. 世界跨流域调水工程一瞥[J]. 地理数学(6) : 7-10.
郭潇, 方国华, 章哲恺, 2008. 跨流域调水生态环境影响评价指标体系研究[J]. 水利学报, 39(9): 1125-1130.
国家发展改革委, 2015. 关于南水北调中线一期主体工程运行初期供水价格政策的通知[EB/OL]. (2015-01-06)[2018-03-23]. http://jgs.ndrc.gov.cn/zcfg/201501/t20150106_659595.html.
国家统计局, 2018. 中国统计年鉴[EB/OL]. (2019-8-25) [2019-08-29]. http://www.stats.gov.cn/tjsj/ndsj/2018/indexch.htm.
国务院人口普查办公室, 国家统计局人口和就业统计公司, 2012. 中国 2010 年人口普查资料[M]. 北京: 中国统计出版社.
何江, 王勤香, 2015. 通水后南水北调中线工程的运行管理[J]. 水利建设与管理(3): 77-79.
湖北省水利厅, 2019. 鄂北地区水资源配置工程建设与管理局(筹)[EB/OL]. (2019-01-19)[2019-04-28]. http://www.hubeiwater.gov.cn/zfxxgk/zsdw/201901/t20190121_113210.shtml.
环境保护部, 发展改革委, 水利部. 2017. 长江经济带生态环境保护规划[M]. 北京: 中国环境出版社.
黄德林, 胡志超, 齐冉, 2011. 美国调水工程环境保护政策及其对我国的启示[J]. 湖北社会科学(5): 57-60.
黄海田, 仇宝云, 2002. 江水北调工程运行管理初步分析[J]. 排灌机械工程学报, 20(5): 3-6.
黄河网, 2019. 破局开路 水权转让 让出发展新天地[EB/OL]. (2019-08-20) [2019-08-21]. http: //szy.mwr.gov.cn/gzdt/df/201908/t20190820_1353713.html.

黄江疆, 2008. 国外跨流域水利工程运行管理体制分析[J]. 特区经济, 228(1): 93-94.
黄薇, 陈进, 2006. 跨流域调水水权分配与水市场运行机制初步探讨[J]. 长江科学院院报, 23(1): 50-52.
黄锡生, 2005. 水权制度研究[M]. 北京: 科学出版社.
黄宣伟, 2002. 太湖调水工程对水环境改善的战略意义[J]. 水资源保护(3): 37-39.
贾玉娇, 2011. 利益协调与有序社会[M]. 北京: 中国社会科学出版社.
江苏省水利厅, 2013. 江水北调工程[EB/OL]. (2013-12-20) [2019-01-21]. http://jssslt.jiangsu.gov.cn/col/col58751/index.html.
蒋国富, 2006. 国外跨流域调水经验对我国南水北调中线工程的启示[J]. 世界地理研究, 15(4): 35-40.
焦赫森, 米日诺, 陈肇和, 1983. 澳大利亚内地灌溉和发电用的大型雪山调水工程[J]. 海河水利(S2): 15-25.
经济日报, 2019. 云南滇中引水工程进入全面建设阶段: 缓解缺水矛盾打破发展瓶颈[EB/OL]. (2019-03-05)[2019-06-28]. http://www.mwr.gov.cn/xw/mtzs/jjrb/201903/t20190305_1109674.html .
科斯, 阿尔钦, 诺斯, 1994. 财产权利与制度变迁: 产权学派与新制度学派译文集(新1版)[M]. 上海: 三联书店上海分店.
李光, 2008. 跨流域调水工程供水调度运行初探[J]. 水科学与工程技术(4): 18-20.
李浩, 黄薇, 刘陶, 2011. 跨流域调水生态补偿机制探讨[J]. 自然资源学报(9): 1506-1512.
李红艳, 2014. 跨流域调水工程水资源网络配置研究[M]. 沈阳: 沈阳出版社.
李健辉, 2005. 东江碧水泽润粤港大地: 纪念东深供水工程建成 40 周年[J]. 广东水利水电(3): 85-86.
李可可, 邵自平, 2004. 美国西部水权管理制度及启示[J]. 中国水利(6): 65-67.
李梅, 张济世, 刘玉龙, 2008. 跨流域调水工程水价研究[J]. 人民黄河(2): 11-14.
李蓉, 赵敏, 常玉苗, 等, 2009. 跨流域调水对区域生态环境影响界定及影响因素分析[J]. 生态经济(中文版) (2): 157-159.
李新安, 施国庆, 吴玲, 2003. 江水北调工程管理体制探讨及对南水北调的经验借鉴[J]. 水利经济(2): 54-58.
李学森, 2009. 跨流域调水系统调度决策方式及管理模式研究[D]. 大连: 大连理工大学.
李学森, 于程一, 李果峰, 2008. 澳大利亚雪山调水工程管理综述[J]. 人民长江, 39(6): 109-110.
李运辉, 2002. 美国加利福尼亚州水道调水工程[J]. 水利发展研究, 2(9): 45-48.
李中锋, 李丹颖, 王志强, 2009. 德国的水资源管理与技术创新[J]. 中国水利(23): 62-64.
廖志丹, 2008. 水资源开发的西班牙经验[N]. 人民长江报(2008-12-6).
刘强, 黄薇, 桑连海, 2006. 美国跨流域调水管理借鉴[J]. 长江科学院院报(12): 36-43.
刘强, 殷大聪, 2011. 国外跨流域调水管理对我国水资源配置的启示[J]. 人民长江, 42(18): 111-116.

刘强, 唐纯喜, 桑连海, 2011. 美国跨流域调水管理借鉴[J]. 长江科学院院报(12): 82-87.
刘卫, 2009. 万家寨引黄入晋工程北干线环境保护设计[J]. 水利水电工程设计, 28(3): 31-34.
刘渝, 杜江, 2010. 价格上限管制下的英国水价运行机制: 透析英国水价制度及其对我国启示[J]. 价格理论与实践(2): 39-40.
刘建林, 2015. 跨流域调水工程补偿机制研究: 以南水北调 (中线) 工程商洛水源地为例[M]. 郑州: 黄河水利出版社.
刘金珍, 2009. 跨流域调水工程对陆生生态的影响评价研究: 以引汉济渭工程为例[D]. 武汉: 华中师范大学.
刘志强, 万学田, 2000. 德国的水利建设和管理[J]. 湖南水利水电(6): 48-49.
罗昊, 周雪欣, 2017. 跨流域调水工程的生态影响识别及评价指标体系研究[J]. 环境科学与管理(6): 190-194.
罗璇, 2015. 我国跨区域调水工程保护之立法研究[D]. 广州: 广东外语外贸大学.
骆学军, 樊建超, 沈爱生, 2004. 加强工程管理提高工程效益: 浅论引滦入津工程的运行管理[J]. 水利技术监督(2): 30-32.
毛占锋, 王亚平, 2008. 跨流域调水水源地生态补偿定量标准研究[J]. 湖南工程学院学报(社会科学版), 18(2): 15-18.
OVERHOFF G , 刘忠清, 2002. 大型输水系统对巴伐利亚州环境的影响[J]. 水利水电快报, 23(4): 14-17.
[美]庞德, 1984. 通过法律的社会控制: 法律的任务[M]. 沈宗灵, 董世宗译. 北京: 商务印书馆.
皮钧, 熊雁晖, 2004. 加利福尼亚调水工程对我国调水工程的启示[J]. 南水北调与水利科技, 2(4): 50-53.
青岛日报, 2019. “引黄济青”改扩建工程明年竣工[EB/OL]. (2019-04-15) [2019-06-14]. http://www.dzwww.com/shandong/sdnews/201904/t20190415_18615818.html.
权全, 李智录, 席思贤, 2004. 引汉济渭工程周边生态环境及其可持续性发展研究[J]. 电网与清洁能源, 20(2): 28-30.
人民网, 2017. 滇中引水工程开工建设 惠及人口超千万[EB/OL]. (2017-08-05)[2018-06-28]. http://yn.people.com.cn/n2/2017/0805/c378439-30572845.html.
山西省人民政府, 2012. 山西省人民政府办公厅关于印发山西省万家寨引黄工程管理局主要职责内设机构和人员编制规定的通知[EB/OL]. (2012-10-25) [2018-08-18]. http://www.shanxi.gov.cn/sxszfxxgk/sxsrmzfzcbm/sxszfbgt/flfg_7203/bgtgfxwj_7206/201211/t20121108_161200.shtml.
陕西省引汉济渭工程建设有限公司, 2014. 引汉济渭工程概况[EB/OL]. (2014-08-05) [2019-05-23]. http://www.hwrvwd.cn/index.php?m=content&c=index&a=lists&catid=2.
沈莹, 毛春梅, 2015. 国外跨流域调水工程的运营管理对我国的启示[J]. 南水北调与水利科技, 13(2): 391-394.

沈百鑫, 沃尔夫冈•科克, 2012. 德国水管理和水体保护制度概览(上): 德国水法和水管理理念[J]. 水利发展研究, 12(8): 73-78.

沈百鑫, 郑丙辉, 蔡木林, 2017. 德国水法发展对我国治水的借鉴意义[J]. 中国环境管理, 9(1): 81-85.

沈建芳, 2006. 跨流域调水工程协调机制研究[D]. 南京: 河海大学.

沈宗灵, 2014. 法理学[M]. 北京: 北京大学出版社.

史淑娟, 李怀恩, 林启才, 2009. 跨流域调水生态补偿量分担方法研究[J]. 水利学报, 40(3): 268-273.

时显群, 2007. 西方法理学研究[M]. 北京: 人民出版社.

水利部长江水利委员会, 2003. 南水北调中线工程规划(2001 年修订)简介[J]. 中国水利(2): 48-50, 55.

水利部政策法规司, 2018.《水权交易管理暂行办法》解析[J]. 中国水利, 853(19): 11-15.

苏丹, 费良军, 杨晓茹, 2008. 陕西省引汉济渭工程受水区水资源优化配置研究[J]. 水资源与水工程学报, 19(4): 46-49.

孙凡, 解建仓, 吴景霞, 2008. 跨流域调水对调水区产业结构发展的长期影响[J]. 西安建筑科技大学学报(自然科学版), 40(1): 132-136.

塔洛克, 胡德胜, 2006. 水(权)转让或转移: 实现水资源可持续利用之路: 美国视角[J]环球法律评论(6): 761-768.

谈广鸣, 刘百川, 2012. 中国江河综合调度的探索与发展[J]. 水利发展研究, 12(12): 10-12.

汪明娜, 2002. 跨流域调水对生态环境的影响及对策[J]. 环境保护(3): 32-35.

汪恕诚, 2000. 水权和水市场: 谈实现水资源优化配置的经济手段[J]. 中国水利(11): 6-9.

汪秀丽, 2004. 国外流域和地区著名的调水工程[J]. 水利电力科技(1): 1-25.

王强, 张晓琦, 2014. 欧洲水管理实践对中国流域水环境管理的启示[J]. 环境科学与管理 39(5): 9-12.

王纯兵, 曾祥生, 2009. 跨流域调水中利益衡平的法律问题初探[J]. 法制与社会(9): 116-117.

王光谦, 欧阳琪, 张远东, 2009. 世界调水工程[M]. 北京: 科学出版社.

王海潮, 蒋云钟, 鲁帆, 2008. 国外跨流域调水工程对南水北调中线运行调度的启示[J]. 水利水电科技进展(2): 79-83.

王宏江, 2003. 跨流域调水系统水资源综合管理研究[D]. 南京: 河海大学.

王宏江, 2004. 跨流域调水系统研究与实践[J]. 中国水利(11): 11-13.

王慧敏, 2006. 跨流域调水综合管理体制与协调机制创新: 以南水北调东线为例[J]. 中国科技论文(2): 113-116.

王吉勇, 2008. 跨流域调水工程和谐建设与管理体制研究[D]. 浙江: 浙江大学.

王西琴, 刘昌明, 杨志峰, 2001. 西线调水工程对水量调出区的环境影响分析[J]. 地理科学进展, 20(2): 153-160.

王小军, 2008. 加利福尼亚州水权制度[J]. 南水北调与水利科技, 6(3): 107-111.
王亚华, 舒全峰, 吴佳喆, 2017. 水权市场研究述评与中国特色水权市场研究展望[J]. 中国人口·资源与环境(6): 87-100.
魏加华, 张远东, 黄跃飞, 2006. 加利福尼亚州水银行及水权转让[J]. 南水北调与水利科技, 4(6): 17-22.
吴畏, 1988. 美国跨流域调水工程的管理体制与特点[J]. 人民长江(9): 50-51.
吴光辉, 侯晓丽, 常东明, 2018. 引江济淮工程建设可行性分析[J]. 河南水利与南水北调(4): 70-71.
夏军, 刘晓洁, 李浩, 2009. 海河流域与墨累-达令流域管理比较研究[J]. 资源科学, 31(9): 1454-1460.
谢成玉, 王国志, 2013. 对跨流域调水工程运行管理体制的思考[J]. 中国水利(20): 11-12.
新华社, 2019. 大河奔流书写绿色发展画卷: 黄河连续 20 年不断流启示[EB/OL]. (2019-08-16) [2019-08-18]. http://www.mwr.gov.cn/xw/mtzs/xhsxhw/201908/t20190816_1353536.html.
邢迎光, 杨立信, 2007. 澳大利亚雪山调水工程的运行管理[N]. 中国水利报.
徐雁, 2008. 德国多瑙-美因调水工程对落实珠江防洪方针的启思[J]. 水利发展研究(2): 34-37.
徐元明, 1997. 国外跨流域调水工程建设与管理综述[J]. 人民长江(3): 11-13.
徐子恺, 张玉山, 2006. 加利福尼亚州调水工程的法制建设与资金筹措[J]. 南水北调与水利科技, 4(6): 13-16.
杨立信, 2003. 国外调水工程[M]. 北京: 中国水利水电出版社.
杨晓茹, 2006. 陕西省引汉济渭调水工程受水区水资源优化配置研究[D]. 西安: 西安理工大学.
杨云彦, 凌日平, 2008. 跨流域调水工程管理体制的变迁及其启示: 兼议南水北调工程管理体制[J]. 水利经济, 26(1): 19-31.
伊媛媛, 2011. 跨流域调水生态补偿的利益平衡分析[J]. 法学评论(3): 94-101.
游进军, 王忠静, 甘泓, 2008. 国内跨流域调水配置方法研究现状与展望[J]. 南水北调与水利科技(3): 1-4, 8.
于洪涛, 2010. 跨流域调水定价与调整机制研究[D]. 郑州: 郑州大学.
俞澄生, 1995. 跨流域调水是社会发展的需要[J]. 长江工程职业技术学院学报(1): 38-41.
禹勋, 2011. 南水北调中线工程调水利益协调机制研究[D]. 武汉: 中南民族大学.
张君, 张中旺, 2013. 跨流域调水核心调水区生态补偿标准研究[J]. 南水北调与水利科技, 11(6): 153-156.
张励, 2017. 引汉济渭受水区水资源配置及其生态环境影响研究[D]. 西安: 西安理工大学.
张勇, 常云昆, 2006. 国外典型水权制度研究[J]. 经济纵横(3): 63-66.
长江水利委员会, 2017. 长江流域及西南诸河水资源公报(2017)[M]. 武汉: 长江出版社.
郑连第, 2003. 世界上的跨流域调水工程[J]. 南水北调与水利科技, 1(b12): 8-9.

郑连生, 2001. 德国、荷兰水利[J]. 海河水利(2): 42-43.

中国南水北调工程，2018. 南水北调东中线全面通水四周年综合效益显著[OL]. (2018-12-16) [2019-01-18]. http://nsbd.mwr.gov.cn/zx/zj/2018zdxyq/201812/t20181212_1131373.html.

中国南水北调工程, 2006. 南水北调工程建设管理体制[EB/OL]. (2006-08-11)[2019-08-14]. http://nsbd.mwr.gov.cn/zw/gcgk/gczs/200603/t20060302_1128056.html.

中国南水北调工程, 2010. 为什么要实施南水北调工程[EB/OL]. (2010-02-04)[2018-06-23] http://nsbd.mwr.gov.cn/zw/gcgk/gczs/201002/t20100204_1128061.html

中国水利, 2019. 水利部召开南水北调工程管理工作会议[OL]. (2019-06-11) [2019-06-18]. http://www.chinawater.com.cn/newscenter/kx/201906/t20190611_734248.html.

中国水利百科全书编委会, 2006. 中国水利百科全书[M]. 北京: 中国水利水电出版社.

中国政府网，2005. 自然资源[EB/OL]. (2005-05-27) [2018-11-15]. http://www.gov.cn/guoqing/2005-09/13/content_2582636.htm.

中国知网，2019. 跨流域调水[EB/OL]. (2018-11-15) [2018-11-15]. http://yuanjian.cnki.com.cn/Search/Result?content=%u8DE8%u6D41%u57DF%u8C03%u6C34.

中华人民共和国水利部, 2008. 中华人民共和国水利行业标准: 调水工程设计导则 SL 430—2008[S]. 北京: 中国水利水电出版社.

中华人民共和国水利部，2019. 2008~2018 中国水资源公报[EB/OL]. (2019-07-12) [2019-07-28]. hhttp://www.mwr.gov.cn/sj/#tjgb.

中华人民共和国水利部, 2019. 2018 年中国水资源公报[EB/OL]. (2019-07-12) [2019-07-28]. hhttp://www.mwr.gov.cn/sj/tjgb/szygb/201907/t20190712_1349118.html.

中华人民共和国水利部, 2019. 组织机构[EB/OL]. (2018-08-15) [2019-07-23] http://www.mwr. gov. cn/jg/zzjg/gyslb/.

朱记伟，蒋雅丽，2016. 国内外跨流域调水工程建设管理经验及启示[J]. 陕西水利(1): 55-56.

朱九龙, 2014. 国内外跨流域调水调水区生态补偿研究综述[J]. 人民黄河(2): 78-81.

BREUR R, 2004. Ffentliches und privates wasserrecht[M]. München: Beck Verl.

DELLAPENNA J W, 1997. regulated riparian model water code[M]. New York: American Society of Civil Engineers.

DRAPER S E. 2004. Sharing Water through Interbasin Transfer and Basin of Origin Protection in Georgia: Issues for Evaluation in Comprehensive State Water Planning for Georgia's Surface Water Rivers and Groundwater Aquifers[J]. Georgia State University Law Review(2): 339-341.

FEDERAL REGISTER OF LEGISLATION, 2005. Murray-Darling Basin Act 1993[EB/OL]. (2005-05-04)[2017-06-28]. https: //www.legislation.gov.au/Details/C2005C00722.

FEDERAL REGISTER OF LEGISLATION, 2014. Murray-Darling Basin Agreement[EB/OL]. (2014-01-09)[2017-06-28].

https://www.legislation.gov.au/Details/C2014C00194/Html/Text#_Toc390870752.
HECK P, 1914. Gesetzesauslegung und Interessenjurisprudenz[J]. Archiv Für Die Civilistische Praxis, 112(1): 1-318.
KARL LARENZ, 1983. Methodenlehre der Rechtswissenschaft[M]. Berlin : Springer-Verlag.